大是文化

錢包在跳舞

你對錢包的態度，
就是你此生際遇的預卜。
為了擁有一個名牌包，
你願意拿生命中的什麼來交換？

財布は踊る

榮獲第 31 屆昴文學獎、NHK 創作廣播劇大獎
暢銷 90 萬本的《三千日圓的使用方法》作者
原田ひ香——著
方嘉鈴——譯

目次

第二話　錢包在騙你——063

水野文夫身上還背著一百五十萬日圓的學貸，
但他還是去預借現金，在二手拍賣網買下六萬多日圓的名牌長夾，
正當他透過朋友推薦，想靠販售外匯課程賺錢翻身時，沒想到……。

第三話　錢包偷走了東西——129

野田的目標是賺到五千萬日圓後，提早退休。
他每個月將兩萬日圓投入指數型基金，兩萬日圓投入美國標普指數，
在他節省開銷、努力投資市場時，他遇到了一位「股市達人」。

第四話　錢包在煩惱——185

善財夏實是一位開運風水作家，
她認為用舊錢包會影響運勢、同一款錢包用三年以上，運氣會變差。
然而在提供新專欄文章給總編輯後，她卻毅然決然買下二手市集上的名牌長夾。

推薦語

擁有一個名牌包是多數女孩的願望，倘若符合預算、消費得起，買個喜歡的東西沒什麼大不了；但如果像本書主角一樣，需要非常努力才能得到一個名牌包，以符合主流價值裡的品味，擁有名牌包的心理需求通常是很五味雜陳的。

《錢包在跳舞》一書透過生活化的故事，告訴我們金錢的本質為何？該如何使用金錢，並透過投資理財來滿足自己重視的生活價值？以及最重要的：以健康的心理狀態一步一步完成財務安全的目標，建立可以創造長期收益的機會，用心建構財務、好好經營生活。

錢可以換取物質和奢侈的享受，但是不一定能帶來等值的幸福，透過理財釐清人生，才能真正讓人得到幸福快樂。

——Mompower 媽媽商學院、「精算媽咪的家計簿」創辦人／珊迪兔在故事裡，我們看見了一段經過「濃縮」與「增強」的人生。

在《錢包在跳舞》的故事裡，我們看著主角，為了買一個名牌包，開始記帳、存錢，之後為了還債，決定買下舊房子，最終成了不動產投資達人。我們也會看到其他配角，向朋友販售外匯課程，卻被朋友偷走所有錢財，為了還清債務，轉頭學了一門技術，重建溫暖人生……。

閱讀他們的故事，能讓我們重新活一遍；這種不斷經歷人生的歷程，能教會我們，如何在金錢的難題上，做對抉擇、衝破難關，過好這一生。

——富媽媽／十方（李雅雯）

這本書，你一定要看到最後！

身為財務規畫師的我，在本書裡看到我某些客戶的實際困境：婚前沒確認伴侶的金錢價值觀，以為信用卡只要繳最低還款金額，卻欠下高額卡債；投資槓桿全開卻爆掉；為了賺錢投入身家加入直銷，卻變成上線的被動收入；為了維持光鮮亮麗的外表，卻欠下一屁股債……。

這本書雖然是虛構小說，但的確是真實世界！遇到時真的會令人感到絕望！

作者巧妙用名牌包將所有人物故事串在一起，最後你會發現，就算本來一手爛牌，也能打出好牌。美好人生的選擇權，其實就在自己手上！

——《財富自由的整理鍊金術》作者／整理鍊金術師小印

這本書內容的精彩程度，絕對可以跟網飛（Netflix）推出的高收視率影集比擬。精彩絕倫，令人拍案叫絕，是我讀完每一章的心得。

這本書主軸其實是由同一個名牌包的串場所構成，每個章節都有令人印象深刻的一幕。為了籌錢幫老公還債，第一個持有名牌包的美津穗，上網把剛入手、全新未使用的名牌長夾給打折賣出，那落寞又無奈的心情，令人感同身受；第二個持有者，則是因為去上了理財開運風水課程，相信一個品質優良的錢包，可以為自己帶來好運，而買下這個錢包，沒想到卻是惡夢的開始。

第三個持有者則是偷名牌錢包的人，我覺得最精彩的就是這一段！就差那麼一步，就能達成五千萬日圓、光榮退休的目標，卻因為一連串巧合，錯過了最佳賣出時機，再度打開證券軟體馬上腳軟——資產只剩目標金額的一半，在凹單等待股票V型反轉（由空翻多）的過程中，才發現自己被老師套養殺了，如果你想知道「完整的割韭菜過程」，真心推薦你來看這本書的第三章。

最後推薦各位，閱讀本書要像看電影，別著急跳著翻閱。趕快從第一章開始吧！

——《A大的理財金律》作者／A大（ameryu）

人物介紹

葉月美津穗：全職家庭主婦，為了實踐夢想，盡可能節省生活開銷。

水野文夫：在居酒屋打工，兼賣「外匯投資交易」課程教材。

野田裕一郎：在股市中慘賠，欠了一屁股債，被迫離開畢業後的第一份工作。

善財夏實：開運錢包顧問。無論在私生活或工作上都有煩惱。

平原麻衣子：旅客服務中心的約聘員工。為了償還高額的助學貸款而苦惱。

齊田彩：麻衣子的好朋友，在卡拉ＯＫ店工作。

Illustration© URAMOTO Yuko

第一話

錢包在懷疑

家庭主婦美津穗的願望，是擁有一個名牌錢包、全家去夏威夷旅行。
她籌劃了兩年，天天省吃儉用，終於如願。
沒想到，幾個月後。旅行的記憶猶新，名牌錢包卻……。

葉月美津穗想要一個LV長夾。

§　§　§

許多人在浴室洗澡時，通常都會先打開蓮蓬頭，靜靜等待水溫變熱。不知道各位是否想過，你家的排水管會在這期間裡浪費掉多少水？我家（一般公寓大廈）約莫是六公升，雖然會因為季節而有所差異，但誤差值頂多只有一公升左右而已。

為什麼我可以具體回答出六公升？因為我曾經拿家裡的鍋碗瓢盆量過。自從我知道會浪費這麼多水後，便買了一個容量相當的澆花器（網購約九百日圓，全書日圓兌新臺幣之匯率，皆以臺灣銀行在二〇二三年二月公告之均價〇．二三元為準，約新臺幣兩百零六元），把原本會浪費掉的水蒐集到裡面，隔天用來幫陽臺上的花草、蔬菜澆水。

雖然換算成水費來看不是多大一筆數字，但我認為，意識到自己浪費了六公升的水，跟每天不知不覺的讓這些水從排水管中流失，兩者在觀念上有相當大的差距。最重要是，這些水明明還能用，為什麼要浪費？請大家務必從今天開始，觀察生活周遭有沒有可以更有效使用的資源？

本月的錢包，正是與水資源（無論自來水或蓮蓬頭的水）密切相關的「水藍色錢包」。風水中本來就有遇水則發的說法，而象徵水的水藍色錢包，對財運來說是個不錯的選擇。但「水能載舟、亦能覆舟」，也是在提醒自己不要隨便浪費。

§　§　§

讀完雜誌上「善財夏實老師──開運的一天從錢包開始」專欄，美津穗輕輕嘆了一口氣，把雜誌放回圖書館的書架上。

《KATE》雜誌以家庭主婦如何節省生活開支為主題，固定在每個月的一號出刊。在出刊日當天到圖書館內翻閱雜誌，是美津穗每個月最期待的事，所以她會在圖書館一開門就入館，通常不用等，就可以在館內翻閱剛出刊的《KATE》。因為當期雜誌不外借，只能在閱覽室內翻閱，如果在雜誌上看到什麼特別感興趣的內容，美津穗便會直接預約，等內閱期滿後再外借。

就當美津穗將《ＫＡＴＥ》放回書架時，身旁的另一名女性立刻伸手拿起，兩人差點因此碰到對方的手，彼此交會了眼神、朝對方點了點頭。此時，美津穗聞到一股淡淡的香氣，她不自覺的打量著對方，心想：「她看起來年紀跟我差不多，但身邊沒有帶著小孩。她也是《ＫＡＴＥ》的讀者嗎？該不會也是手頭不寬裕，沒辦法每一期都掏錢買書、只能來圖書館翻閱的全職家庭主婦？」**美津穗看著對方坐在相隔兩個空位的另一個座位上，正翻開雜誌細細閱讀，手邊還擺著一款全新的LV包包。**這只名牌包專屬的L與V字樣經典花紋，只要是女性就絕不會搞錯，畢竟這款精品名牌，之前還曾經引發社會亂象——高中女生為了擁有其商品，不惜從事援助交際。

美津穗回想起高中時，在自己的同儕團體中也曾吹起過這款名牌包風潮。當時小圈圈裡，有個最漂亮、家境也最好的女同學，因為跟爸媽出國時買了一個LV的長夾回來，便在團體中掀起了LV風潮。雖然小圈圈只有五個人，但除了自己以外的四個人，都跟著入手LV包。美津穗是單親家庭，家中經濟並不寬裕，所以無法向媽媽開口要求也要一個。

其實美津穗在這個小團體當中，始終覺得自己格格不入，但不全然是因為沒有 LV 包的關係。一開始只是因為彼此在教室裡的座位相近，才漸漸形成一個小圈圈，但美津穗跟其他人在興趣或是家庭環境等方面，完全沒有任何交集；如果脫離這個小圈圈，美津穗在班上也沒有其他容身之處，所以只好緊緊抓住她們。但是每當遇到課堂上兩人一組的分組活動時，美津穗總是多出來的那一個，她必須再去找其他多出來的人一組。在團體當中感受不到歸屬感，讓美津穗心力交瘁，所以畢業以後，便再也沒跟任何一個人聯絡。

高中畢業後，美津穗無論在專科學校或是出社會上班，都有能輕鬆相處的朋友，有些甚至直到現在都還保持聯繫，但為什麼在高中時，總有一種被排擠的感覺？

美津穗歸咎於自己當時的運氣不好，畢竟在國、高中時期的校園生活，人際關係很現實也很殘酷，只要有一點點跟別人不一樣，那種被排擠的疏離感就會像滾雪球一樣越來越大，直到最後被孤立在團體外。美津穗不禁心想，**如果當時自己也能擁有一個 LV 長夾，或許就可以度過一段比較快樂的青春校園時光**。

所以，當美津穗看見這名女性的 LV 包包後，她遇到同為《KATE》雜誌讀者的「知音感」忽然消失，甚至後悔自己太早把雜誌放回書架。**對 LV 包包的強烈憧憬與苦澀情感，**

交織在美津穗心裡，讓她不禁想：剛剛應該要把雜誌從頭到尾細讀一遍，不應該跳過後面的「夏季麵料理」特輯，但已經來不及了。

「都拿得起 LV 包包了，好歹也該自己花錢買雜誌吧？」等回過神來，美津穗不自覺的小聲抱怨。眼不見為淨，她決定推著嬰兒車從雜誌區走到小說區。

美津穗最近都只看推理小說，到了小說區，剛好發現一本宮部美幸的歷史推理小說，於是決定借回家。接著順便逛了一下家庭與家計的主題書區，在這一區，她發現善財夏實所寫的《想婚的女生請用粉色錢包》，儘管這本書的主題並不適合已婚的自己，但只要是善財夏實老師的著作，美津穗都想拜讀，所以她立刻拿起書。

借完兩本書，正準備要離開圖書館時，美津穗依舊忍不住望向出入口旁的雜誌區。剛剛那名女性仍專注的閱讀雜誌，當美津穗注意到她身旁的 LV 包是剛上市的最新款式，不禁又開始在意起來。直到走入超市，看見一百公克的雞胸肉標價只要三十八日圓時，她激動的情緒才平復下來。

平常雞胸肉一百公克要價四十九日圓，今天不知道為什麼竟然只要三十八日圓，是近期從沒看過的新低價。於是美津穗將一組兩片的雞胸肉放進購物籃中，又買了一袋要價十九日圓的豆芽菜，以及一盒一百三十三日圓的雞蛋。

當美津穗在翻找保存期限較長的豆芽菜時，腦中還不斷想著「那女人說不定也是省吃儉用、一點一滴的存錢，才買得起LV」、「她一定是為了要盡可能的用久一點，才咬牙買了最新款」、「說不定她不是在門市購買，而是從當鋪或二手交易平臺，用便宜的價格入手」。其實，美津穗對LV的情感原本是好壞參半，直到出社會成為約聘社員時，才翻轉成極度的渴望。當時負責帶她的前輩，雖然同樣是約聘員工，但她所使用的錢包就是LV長夾。

美津穗還記得她當時稱讚前輩的長夾：「真的好漂亮！」前輩開心回答：「這是媽媽傳給我的，」接著他靦腆的笑著說：「雖然是很久以前的款式，但LV不會退流行。」美津穗看著前輩燦爛的表情，不禁心想：「我也想把自己長年愛用的LV，傳承給自己的孩子。」從此刻開始，她對LV包深深著迷。

聽說LV的包包維修保養後，還能持續使用上幾十年，就算是舊款，也相當保值且容易脫手；就連向大家推廣要省下每一分錢的《KATE》雜誌，也曾分享過一個概念：「**盡量選購品質優良的商品，以長久使用為目標。**」當時在雜誌上用來象徵品質優良的品牌，就是 Louis Vuitton。不僅如此，善財夏實也曾在著作中鼓勵大家盡量使用名牌錢包，更寫到「Louis Vuitton 是價格與品質十分相襯的精品名牌，能為使用者帶來好運」、「連全日本最小氣的名古屋人，都願意花錢購買 Louis Vuitton」等。但美津穗目前使用的兩折式黑色漆皮短夾，是之前當上班族時，自己用第一份薪水隨意從百貨公司開架區中所購入，雖然沒什麼大缺點，但也沒什麼特色。

LV 就是美津穗夢想中的精品名牌，她想，如果能擁有一個 LV 錢包，她一定會愛護珍惜的使用上幾十年，即使從現在起，到兒子圭太大學畢業前這二十二年都必須省吃儉用，但只要看著 LV 包，美津穗就能努力撐下去；就算平常穿的只是二手衣或 GU 等平價服飾品牌，但只要拿出 LV 包，看起來也不至於太寒酸。

至於出國旅行，美津穗在就讀專科學校時，便曾跟朋友們一起去韓國首爾旅遊，只記得當時對韓國的印象是冬天非常冷，街道有些髒亂，儘管食物都很美味，也參考旅遊指南買了一些超便宜的美妝品、體驗當地按摩，但也沒有留下什麼難忘的回憶。

唯一的遺憾是沒有在韓國買 LV。就算當時買不起長夾，但買個鑰匙包也不錯啊！至少現在的心情會稍微不一樣；蜜月旅行是去沖繩，雖然當時很想去夏威夷，但老公強力反對，一下子說「辦護照很麻煩」、一下子又說「我不會說英文」、「旅費很貴」等，最後只好去沖繩。但是現在回想起來，當初覺得難得去沖繩一趟，所以訂了高級一點的渡假飯店連住五天，整趟花費下來其實也跟去夏威夷差不多。

回顧前幾次的旅行，美津穗心想，如果當初自己能再積極一點、堅持自己夢想中的行程就好了，下次一定要安排一場讓自己不後悔的旅行。為此，美津穗已經籌劃了將近兩年。

§　§　§

回家後，美津穗把昨天的剩飯、剩菜，重新做成午餐與兒子一起吃，把兒子哄去睡午覺後，便開始準備今天的晚餐。她先把剛剛買回來的雞胸肉切成約七、八公釐厚，並仔細切斷雞肉纖維，再裝進超市提供的塑膠袋裡，加入兩小匙醬油把肉片醃起來，再加入一大匙美乃滋搓揉均勻。

傍晚，美津穗收到老公雄太的LINE訊息，上面說「要回家了」，她便把剛剛醃漬入味的雞胸肉塊，加上兩大匙太白粉再次搓揉均勻。經過這幾道手續，再放進油鍋裡炸，就能做出家常口味且口感軟嫩的酥炸雞胸肉塊。

接著用麻油拌炒豆芽菜與雞蛋，再加入各一小匙雞湯粉與太白粉勾芡。芡汁的鮮甜味與剛炒好的雞蛋及豆芽菜融合在一起，便成為一道充滿中華料理風味的小菜。

酥炸雞胸肉塊與中華風炒豆芽菜，是美津穗相當自豪的兩道料理。豆芽菜十九日圓、兩顆雞蛋二十六日圓，加上雞胸肉一片約一百二十日圓，花不到兩百日圓的食材費，再配上白飯與海帶芽湯，就能做出一頓分量感十足又美味的晚餐，而且剛起鍋的炸雞胸肉塊，只要加上一點糖醋醬汁、撒上一點咖哩粉，就能讓炸雞的味道更豐富有層次又不膩口，兩道都是雄太最愛的料理。

準備好晚餐後，美津穗開始餵圭太吃離乳食品。圭太今天吃的離乳食品是馬鈴薯泥與紅蘿蔔泥，美津穗還另外準備了手工布丁給圭太當飯後甜點，但是餵圭太吃紅蘿蔔或馬鈴薯時，他一直用舌頭把嘴巴裡的食物頂出來，還用手把玩那些掉到嬰兒座椅桌面上的食物。美津穗大大的嘆了一口氣，她現在唯一也是最大的困擾，就是圭太的食量太小。

美津穗曾經嘗試過各種方法，無論是用哄騙的或是假裝生氣，但仍然沒有找到能讓圭太好好吃飯的方法。問了小兒科醫生，醫生說：「只要體重有增加就沒關係。」美津穗的媽媽也說：「這是過渡期，只要再過一陣子，圭太就會好好吃飯了。」而美津穗在媽媽教室裡認識的朋友——彩花媽媽甚至還說：「我覺得爸媽過度擔心也不太好！」但這是因為彩花媽媽家的小孩是模範寶寶，什麼都吃，而且還長得跟相撲選手一樣胖嘟嘟的，彩花媽媽才會這麼放心。但如果有人問：「瘦巴巴的圭太與迷你版相撲力士彩花，哪一個比較好？」美津穗也答不上來。美津穗用心製作的手工布丁，圭太也只肯吃兩口，第三口開始，就一直吐舌頭不肯再吃。

當美津穗正跪在地上清理圭太掉落在嬰兒座椅四周的食物時，聽見了開門的聲音，是雄太回來了。

「回來啦？」不知道是自己低著頭沒聽到老公回答，又或是雄太根本沒有回應，只聽到雄太喃喃自語：「好熱、好熱……。」但美津穗也沒有太在意，因為雄太本來就是這種個性。

等美津穗從嬰兒座椅底下站起來抬頭一看時，雄太已經不在客廳了，美津穗想他應該是去房間換衣服了。「這麼熱的話，要不要先去沖個澡？」美津穗走到臥室門口對雄太說。

只見雄太還穿著襯衫，正一邊鬆開領帶，一邊把包包放在地上，依舊沒有任何回應。

雄太與美津穗在新建大樓中承租了一間公寓，一房一廳。租屋時，對方說從西新宿搭三十分鐘左右的電車到練馬區的車站後，再走約八分鐘就能到家，但實際上要十分鐘以上，加上從車站走回家是上坡，所以天氣悶熱時會走得滿頭大汗。

美津穗原本打算住在更靠近埼玉縣一點的地方，這樣房租可以更低一些，而且要去位在川越的娘家，車資也會比較便宜，但雄太說：「這樣通勤時間會很長，我才不要！」而美津穗也不敢說自己想要住離娘家近一點的地方，怕公公、婆婆不開心，所以只能作罷。

「要不要去泡個澡？」美津穗又問。看雄太似乎要從公事包拿東西出來，美津穗用嚴肅的口氣再問了一次：「到底是要不要？」終於得到雄太一聲「嗯？」的回應。

「我是在問你要先泡澡嗎？」美津穗又確認一次。

「……不用。」只見雄太面無表情的回答。

「同樣的問題我問了這麼多次，到底有沒有在聽……幹麼一直翻公事包？」

「沒幹麼，我只是想拿電腦出來。」

嘴裡一直喊熱，又不把襯衫換下來，也不去擦個汗、換個居家服，到底是在幹麼？對於老公的莫名行徑，美津穗也不禁煩躁了起來。

「襯衫脫下來記得直接放進洗衣機。」

「不用，我還沒要去洗澡。」雄太一邊不耐煩的想把電腦從公事包裡拿出來，一邊不爽的嚷嚷著「好熱、熱死了」，美津穗轉頭離開臥室，輕輕嘆了一口氣。

雄太老是這樣，只顧著做自己的事，對周圍一切動靜視而不見，也沒什麼判斷能力，美津穗也不是真的討厭雄太，只是覺得自己要像老媽子一樣嘮嘮叨叨的提醒東、提醒西，就忍不住覺得心累。

之前在公婆家聊天時，美津穗曾不經意的試探，「雄太一旦專注在某件事情上，就會對周圍的事情沒有反應」，或是「雄太常常搞不清楚事情的優先順序」等。明明自己是在抱怨，婆婆卻一臉開心的回答：「沒錯、沒錯，他從小就是這樣。」甚至還自豪的說：「雄太國小時的成績很不錯，特別是數學，還會問一些連老師都覺得困難的問題……。」看到婆婆的反應之後，美津穗只能在心裡暗罵：「都是因為妳沒有好好教他，才把妳兒子養成一個生活白痴。」但雄太這種對眼前事物意外執著的宅男性格，說不定就是他適合從事系統工程師的主要原因。

過了一陣子，雄太終於換上居家服從臥室走出來，坐到餐桌前。

「今天的晚餐是阿雄最愛的炸雞塊喔！」美津穗說。

「嗯。」儘管雄太還是沒什麼反應，但是美津穗已經習慣了。等菜都放上桌，雄太悶著頭吃起來，只有聽到美津穗問「好吃嗎？」時，才像想起什麼似的坦率點頭回答「嗯」。

美津穗對雄太的反應，多少還是有一點不滿，但看著他大口吃炸雞的表情，美津穗心想：其實雄太還是有很多優點的，例如家裡的事，他完全依照美津穗的喜好來處理，從不多說什麼；雖然吵架時難免會大小聲，但絕不會使用暴力；每個月也有好好工作、認真賺錢，花錢也不會斤斤計較。

以他目前每個月實領約三十萬日圓的待遇來說，在二十多歲的同齡男性裡並不算太差，加上獎金分紅的話，年收入還可以超過四百五十萬日圓左右。在這個年代能有這樣的薪資收入，應該要覺得滿足了。

美津穗出生在埼玉縣川越市，父母在她高中時離婚，媽媽目前仍住在那。美津穗的爸爸雖然偶爾講話比較大聲，但其實是個敏感纖細的人，美津穗的媽媽則有點粗枝大葉。因為兩個人的個性原本就不合，自己升上高中後，他們之間就很少說話，所以當美津穗聽到他們要離婚時，也沒有太訝異。

爸爸會支付美津穗的學費，所以美津穗雖然買不起ＬＶ包包，但還是可以順利完成專科學業。從專科學校ＩＴ相關科系畢業後，美津穗以約聘人員的身分，進入雄太所任職的這家企業。

美津穗在業務部擔任業務助理，但每天面對這群業務直男們，總覺得他們強勢、粗魯又講話浮誇，實在無法讓人有好感。當時業務部非常流行重訓、健身，大多數的業務都練得一身肌肉；於是在某次公司聚會中，美津穗馬上被大她三歲，體型纖細、長相清秀的工程師雄太所吸引，更主動向他搭話，兩人因此開始交往，並在兩年後攜手步入禮堂。

剛結婚時，雄太與美津穗住在公司提供的員工宿舍裡，但因為美津穗懷孕了，兩人便決定搬離公司宿舍，住到現在所承租的這間公寓。後來，公司內部開始縮減人力，當初帶著美津穗實習的前輩，也在此時因個人的職涯規畫，決意跳槽到其他公司，這讓美津穗頓失職涯方向，加上她孕吐很嚴重，最後決定離開職場，擔任全職家庭主婦。

美津穗成為全職家庭主婦並管理家計後，依照雄太本人的期望，每個月會給他五萬日圓的零用錢；房租加上管理費，每個月大約要十萬八千日圓，而美津穗自己也有每個月五萬日圓的額度，用來支應日用品、食材費，以及自己的零用金等。除此之外，扣掉其他水電瓦斯、電話費，以及小孩的保險、雄太的儲蓄型保單，每個月幾乎沒剩下多少錢。

偶爾在翻閱《KATE》的家計專欄時，美津穗會覺得好像給雄太太多零用錢了，但平常在外面吃飯或從事一些休閒娛樂活動，多半是由雄太買單，因此美津穗也沒有多說什麼。唯有每次發薪日，雄太總是會說：「我的零用錢是五萬日圓，所以美津穗的零用錢也是五萬日圓。」但美津穗的五萬日圓還包括了全家的伙食費與日用品支出，如果美津穗不省吃儉用，這五萬日圓根本一毛也不剩，所以聽到雄太說這五萬日圓是給她的零用錢時，心中都很不開心。

本來美津穗是希望能住在便宜一點的地方，可是雄太一看到這棟剛蓋好的公寓大廈就一見鍾情，幾乎是一廂情願的就決定了他們以後要住在這，根本沒有商量的餘地。

因為美津穗從小生長在不算和睦的家庭中，所以在結婚之前，她覺得只要家庭和睦，就算經濟狀況普通、收入不用太高也沒關係，但她現在相當後悔，怪罪自己為什麼不多堅持一下繼續上班，只要不辭掉工作，現在的生活應該會更有餘裕！她暗暗下定決心，等圭太再大一點，就要去找個約聘的工作或打工來增加收入。

但這些不滿的情緒，在今年秋天似乎減緩了不少。因為大概從兩年前開始，美津穗每個月都會想辦法偷偷存下兩萬日圓。

要從五萬日圓的家用預算當中，擠出兩萬日圓來儲蓄，可不是一件容易的事，因為這五萬日圓包括了全家每天的伙食費、日用品支出，以及尿布錢等，扣掉這些必要開銷，如果每個月還想存下兩萬日圓，手邊幾乎沒有任何閒錢。

自從美津穗開始存錢以後，便沒有買過任何一件新衣服，她的衣服主要是媽媽給她的，因為媽媽有幾間常去的服飾店，跟店員就像老朋友，所以只要店員推薦新品，媽媽就會捧場消費，加上媽媽也很喜歡網購，所以經常會出現一堆新的內衣、絲襪等。只要美津穗回娘家時，媽媽就會說：「這些衣服對我來說太花俏了，妳要不要帶一些回去穿？」並把長版上衣、針織衫等，通通塞給美津穗。

除此之外，美津穗還有一個治裝來源，就是網路上的二手交易平臺。畢竟號稱平價的優衣庫（UNIQLO）也不是最便宜的，又很容易跟其他媽媽們撞衫，所以美津穗會在網路上搜尋一些曾進駐車站百貨賣場的服飾品牌。在二手交易平臺上，許多過季商品都可以用不到一千日圓的優惠價格入手，既便宜又好看。

因為手邊預算有限，美津穗不允許自己的衣櫥有任何多餘的衣服配件，只要發現某件衣服一整季都沒穿過，她會立刻上架到二手交易平臺賣掉，雖然賣不到好價錢，但這些多出來的收入累積起來，也能當成下一季的治裝費。儘管美津穗不曾被稱讚過穿著打扮很時髦，但她相當自信的認為，自己的穿著打扮也不會寒酸。

雖然不算是「勒緊褲帶」，但美津穗靠著不浪費半毛錢的生活方式，截至目前已經存了五十六萬日圓。她暗自決定，等這筆金額超過六十萬日圓之後，就要向雄太公開，並提出去夏威夷渡假。

原本美津穗以為一家三口去夏威夷的旅費，大概只要三十萬日圓左右就夠了，但她後來發現，這點錢只住得起離海邊最遠且評價不高的普通飯店，更沒辦法吃到什麼當地美食。隨著她做越多功課，她想去的地方、想做的事情也越來越多；等存到四十萬日圓時，她想難得去一趟，還是再多存一點錢，把想走的行程都走過一遍，才能不留遺憾。

除了節省家用所存下來的旅費之外，美津穗從學生時代的打工費用，到後來出社會所領的薪水，合起來也存了四十萬日圓左右。她想在夏威夷旅遊時，用這筆錢去LV直營店買自己心心念念的長夾；想去頂級牛排館沃夫岡（Wolfgang's Steakhouse）吃牛排；也想幫圭太選購一些具有夏威夷風格的亮麗童裝，畢竟圭太的衣服大都是從二手交易平臺或跳蚤市場買的。

為此，美津穗還製作了一本「夏威夷」主題的剪貼簿，只要在日常生活中發現漂亮的夏威夷照片，她就會蒐集起來貼在剪貼簿上，每當覺得自己省吃儉用好辛苦，又或是看見其他媽媽穿著昂貴的新衣服，既羨慕又感傷時，她就會打開來看。

關於買包包這件事，美津穗想了很久，她還為此親自去了一趟位在新宿的LV直營店。當時店內幾乎滿滿都是外國觀光客，美津穗只敢怯生生的站在櫥窗外偷看，甚至沒跟店員說到話就轉頭回家了，但美津穗下定決心，去夏威夷的時候，一定會好好的跟店員說：「我要這款長夾。」

可是，在夏威夷是不是得說英文才行啊？美津穗有點擔心，但想起之前到韓國旅遊時，買東西也是比手畫腳，相信在夏威夷也可以這樣做，應該不用太擔心。

「我要這個。」、「請給我看這一款。」、「那一款我也想看看。」美津穗回過神來後，發現正在哄兒子睡覺、等老公加班回家的自己，正不自覺的喃喃自語。她不禁安慰自己：「畢竟能在LV的直營店購物，這輩子可能只有這次機會，就允許我稍微任性一下吧！」

只要有這本剪貼簿，就算不用打開電視，光是用想像的，就能讓自己十分開心，而且善財夏實也說過，一直開著電視，會增加電費。

§　§　§

終於到了達成目標金額的那一天。

這一晚，餐桌上的菜色跟往常一樣，都是省錢料理，美津穗看著老公拿起筷子，心裡想著要如何開口，身體不自覺微微發起抖來。

「我想去夏威夷、我存好旅遊基金了。」如果這樣說，老公會有什麼反應？雄太並不是一個很嚴苛的丈夫，也不是那種小氣、捨不得把錢花在休閒娛樂上的人，他應該會很開心的吧？但是，有時候雄太面對無法掌握或變化太大的狀況時，也會出現讓美津穗無法預料的反應。

某一次，他們正在看電視上的特別節目，主題是「旅居海外的日本人」，當時美津穗只是隨口說了一句：「往後的年代，說不定讓圭太出國留學，也是一種選擇。」沒想到雄太突然生氣說道：「我又不會講英文，也沒辦法在國外工作，更不會把爸媽留在日本，我自己出國。」所以這次如果沒有好好沙盤推演，可能又會出現意料外的結果，像是「可以把這些錢存起來買房子」，或「有這麼多存款？那我們可以增加回去茨城老家的次數」等。

在此之前，美津穗總是會試探性的把夏威夷的話題，帶入日常聊天中，像是「好想去一次夏威夷喔」，或「聽說小朋友在兩歲之前的出國旅費都很便宜，是不是應該利用這個機會出國走走」，但也不知道雄太是不是有察覺，他每次對於這類話題都沒什麼反應。但無論如何，美津穗已經在心底決定好，這次和雄太溝通時，一定會特別強調：「我旅費都已經準備好了，你只要出人就好，其他都不用擔心。」

今天的晚餐，是美津穗用一百公克九十八日圓的豬絞肉與茄子一起熬製而成的乾咖哩。雄太跟其他家庭的老公一樣，都非常喜歡吃咖哩，而且今天是雄太公司發放夏季獎金的日子，同時也是員工向公司提出夏季休假規畫的時候，按照慣例，公司會給雄太三天的夏季休假，所以得事先請他去打聽看看，加上特休，有沒有可能向公司申請到一週左右的假期。

跟美津穗所想的一樣，雄太在回家之後，比往常多吃了一碗咖哩飯，而且心情不錯的正在喝第三類啤酒[1]，甚至還對美津穗說：「如果美津穗有什麼想買的都可以說喔！對了！妳前陣子不是說想要一臺洗碗機？還提過想要一部洗、脫、烘三合一的洗衣機？要不要先研究看看買哪一個好？」

雄太老是認為添購這些家電用品，是因為美津穗「想要」、是要給美津穗的禮物，卻從來沒想過，這些都是家裡一定會用到的設備，不過現在去跟他爭執這件事，只會讓他心情變差而已。

「是沒有什麼特別要現在買的東西啦！但我想去一個地方……。」美津穗回答。

「欸？是去泡溫泉？還是去迪士尼樂園？這些地方我也想去，可以一起去啊！」雄太不停說著，嘴上還沾著啤酒泡沫。

「不是啦……是去夏威夷。」

「夏威夷？也不錯啦，但很貴吧？」

結果出乎意料的順利，美津穗觀察雄太的表情與反應，似乎除了覺得貴之外，沒有其他疑慮，於是她很開心的站起來：「其實我一直都有在存錢。」接著從餐具櫃的抽屜裡拿出存摺，攤開在雄太面前。

即便現在網路銀行相當盛行，三不五時就會收到銀行發訊息來詢問「是否要把紙本存摺換成數位存摺？」但美津穗都不理，因為她想要親眼看見每個月存摺上列印出存入兩萬日圓的字樣；她也一直想像著這一刻，將上面印有六十萬日圓字樣的存摺，親手拿給老公見證。

只見雄太微微皺起眉頭，拿起存摺開始端詳，「欸！」在注視了幾分鐘之後，雄太終於發出驚呼聲，「竟然有這麼多錢！妳到底是怎麼存下來的？」

「從你每個月給我的家用費中，努力省吃儉用存下來的。」美津穗滔滔不絕的說自己付出了多少努力，包括如何節省伙食費；連衣服也捨不得買新的；利用網路上的集點活動，想辦法賺一些回饋與優惠，才終於存到這筆數字……。

「停一下、停一下。」雄太一邊笑，一邊揮手阻止美津穗繼續說下去，「好好好，我都知道了。但這些錢夠我們去夏威夷嗎？現在匯率不是很好。」

1日本依照不同釀造技法，將啤酒分類為一般啤酒、發泡酒及第三類啤酒等。第三類啤酒是指用非麥芽釀造的方式，透過香料及添加物，製造出類似啤酒的口感，因價格便宜，廣受民眾喜愛。

美津穗馬上把平常蒐集的幾家大型旅行社的夏威夷行程宣傳廣告都拿出來，用這些資料向雄太說明，可能無法入住哈利古拉尼飯店（Halekulani Hotel）之類的五星級飯店，但如果是一般中上等級的飯店與機票，應該都可以在預算之內達成。

「這真是一份無懈可擊的提案。」雄太說。

「因為我一直在計畫這趟旅行啊！」

「那我也能一起去嗎？」

「當然！我就是為了全家能一起去旅行，才開始計畫存錢。你真的不用擔心任何事，只要一起來就好。」

「你都做到這種地步了，我也沒什麼理由反對。」聽到雄太這麼說，美津穗終於放下心中的大石頭。沒錯，雄太絕對不是一個小氣鬼，也不是什麼難相處又龜毛的人，只是有時候心情不好會鬧鬧小情緒罷了。

「既然美津穗都這麼努力的存錢了，那到夏威夷之後的花費，就由我來支出吧！包括餐廳、伴手禮、還有泳池等飯店設施，應該都需要不少錢對吧？」

「原來阿雄也知道啊？」

「我有聽課長說過，就是那個高岡先生！」

美津穗忽然從雄太口中聽到認識的名字，畢竟他們曾經在同一家公司服務過，美津穗跟雄太的婚禮上，高岡先生也有來祝福，算是熟悉。

「聽說高岡先生去年夏天也去了夏威夷。」

「啊！他賀年卡上的照片，就是在夏威夷拍的對吧？」

美津穗想起來了！高岡先生賀年卡上那獨特的海灘風景照，一看就是夏威夷。美津穗想：「我們家明年的賀年卡，也要用夏威夷的照片來做！」

「聽說那邊有超大的飄飄河泳池，小朋友們都很喜歡！」

「圭太太小了，還不能去玩啦！」

「沒關係啦！這些都會變成我們的回憶啊！」

「聽到阿雄說要出錢我是很開心啦！但你平常有在存錢嗎？」美津穗只知道雄太每個月的薪水收入，但從來沒聽說過他有存錢的習慣。

「當然沒有啊！」雄太用天真爛漫的表情說道：「不過我有信用卡，放心吧。況且我平時也沒什麼花費，每個月的卡費頂多就三萬日圓左右，我想應該沒問題。」

之後，就跟原本預期的一樣，雄太用特休在九月中旬請了一週的假期，並且訂好旅行社的夏威夷之旅，一切都很順利。

§　§　§

在穿過夏威夷的ＬＶ直營店大門時，美津穗想起這兩年省吃儉用的過程，心中百感交集。只見專賣店入口站了兩位像是摔角選手一般體格強壯的警衛，以至於雖然只是一道入口，卻顯得氣勢非凡。美津穗實在太過緊張，所以當雄太看著店內驚嘆「真是誇張」時，美津穗完全無法做出任何回應。

明明一直在網路上搜尋相關資料，甚至還特地跑到新宿的ＬＶ直營店實地勘察，但到了現場，美津穗站在玻璃櫥窗前卻慌了手腳，完全不知道該如何是好。

「已經挑好要買哪一個了吧？趕快去買一買吧，我不喜歡人多的地方。」雄太手上抱著圭太，毫不客氣的催促著幾乎要把臉貼在玻璃櫥窗上的美津穗。

「對不起！」美津穗轉過身來，「我為了這一刻，存了這麼久的錢，足足兩年……不！是兩年半！我一直、一直努力忍耐著，不敢買任何一件新衣服、不敢買任何一個新包包，還認真研究省錢料理，就是為了這一刻……我想在這裡慢慢的、仔細的挑選。」如果現場有日本客人或聽得懂日語的店員，這些話有可能都會被他們聽見，但美津穗就是無法阻止自己把這些話說出口。

「從結婚到現在，我沒有認真的拜託過阿雄什麼事對吧？唯獨這件事，請讓我照著自己的意思來做。」

「那我要做什麼？」美津穗的氣勢，讓雄太點頭同意了。

「你可以去附近找一家咖啡廳先坐著等我，把圭太一起帶去。」如果美津穗不把話說清楚，雄太很可能會把圭太留下來。

「等我確定地方之後，再傳 LINE 告訴妳。」購物中心有免費 Wi-Fi，雙方要聯繫上應該不成問題。

「好！等我買好再去找你們。」

等父子離開之後，美津穗終於可以好好的仔細挑選。

其實美津穗早已經決定好要買哪種型號與顏色，她心中屬意的款式是「Portefeuille Clémence」的長夾，因為它有著 LV 最具代表性的經典棋盤格紋，且因尺寸較小，所以只要六萬日圓左右，拿在手上也方便，與其他 LV 的拉鍊長夾要價近十萬日圓相比，會稍微便宜一些。

美津穗對著眼前那位有著褐色瞳孔的年輕店員，一邊用手指指著長夾，一邊說「嗯……這個。」只見店員露出微笑，並說了幾句英文之後，便退到櫃臺後方。

正當美津穗擔心被對方當成笨蛋時，一位亞裔女性店員走了出來，並用日文招呼：「讓您久等了。」原來剛剛那位店員是去找懂日文的同事來幫忙。

「這款長夾相當可愛，十分受到女性顧客的喜愛。」這位亞裔店員熟練的拿出鑰匙、打開玻璃櫥窗，把長夾放在美津穗面前，不等美津穗開口，她已連同其他顏色與款式一起拿出來排在檯面上讓美津穗挑選。美津穗小心翼翼的伸手觸摸，發現這款長夾雖然看似小巧，卻分量感十足，而且給人感覺相當高級。

「您可以打開看看。」美津穗依照店員指示打開皮夾，鮮紅的皮革色澤瞬間映入眼簾。

「這個顏色很漂亮吧？」

超美……真的非常漂亮，美津穗心想，但是這款皮夾的尺寸，比想像中還要小一點，雖然不至於放不下大張紙鈔，但是放入鈔票、卡片或發票收據時，就怕被拉鍊夾到，選稍微大一點的款式會比較好。當時在新宿的ＬＶ直營店，因為沒有勇氣請店員拿給自己看，所以不知道實際狀況如何。

接著，她決定要直接詢問這位一直說著好可愛、好可愛的亞裔店員：「請問我可以看看其他款皮夾嗎？」

「當然可以，請問您想要看哪種款式呢？」

「比這一款再稍大一些的。」美津穗環顧店內的皮夾，指著隔壁櫥窗說：「我想看那一款長夾，還有那一款兩折式皮夾。」

「好的，請稍等。」店員臉上沒有任何不悅的表情，只是先將美津穗面前的所有皮夾一一放回櫥窗裡，才去準備美津穗所指定的其他款式，但這個動作讓美津穗有點不開心，好像自己被當成小偷似的。

不久，店員拿了兩款帶有ＬＶ商標的長夾，與兩折式皮夾放在美津穗面前，這些都是經典款中的經典款；此外，店員還多拿了一款三折式小錢包對美津穗說：「最近這種款式也非常受歡迎喔！就算是小尺寸的包包也完全放得進去。」

美津穗看著眼前這款小巧的錢包，覺得設計真的相當可愛，但好像比較適合年輕女性，於是美津穗拿起另一款長夾，一拉開拉鍊就感覺到高品質與質感，這個經典款的設計果然就是不一樣。就算在夏威夷當地購買這款長夾，價格也要十萬日圓以上，不知道是不是心理作用，一想到它這麼昂貴，就覺得它的拉鍊特別好拉。

結果，美津穗一開始想要的款式，頓時黯然失色。

「果然還是這一款比較好吧？」店員悄聲說道。

「你也這樣覺得嗎？」

「對呀！這款長夾跟其他款式就是不一樣，許多老顧客最後還是選擇買這一款長夾。尤其這款構造堅固、耐用，不僅能用上幾十年，壞了還能修理！」

但，十萬日圓……美津穗從來沒想過，自己是一個會拿十萬日圓長夾的人，雖然不是買不起，但就是很猶豫。

此時，店員又傳來惡魔一般的耳語：「我曾經聽過一種說法，說錢包價格的兩百倍，大約等於錢包主人的年收入。」

「這是什麼意思？」

「您沒聽說過嗎？這個說法是我前幾天從一位日本客人那邊聽來的，他說把錢包的價格乘以兩百倍，會約略等於錢包主人的年收入。以這款長夾來說，折合日圓約是十萬日圓，所以這款長夾的使用者，年收入有可能會高達兩千萬日圓。」店員說完，不帶惡意的微微一笑。

「年收入兩千萬日圓啊……。」美津穗不禁在心中嘀咕，自己現在又沒有工作，如果年收入真的有兩千萬日圓，那該有多好，雖然這種說法完全沒有根據，但聽起來就是讓人充滿期待。

此時，店員又補上一句：「就算不是指您的年收，但也有可能會是您先生的啊！兩千萬日圓喔。」店員說完，調皮的笑了笑，看起來像是鬧著玩，又好像是在慫恿美津穗。

美津穗一時說不出話來。

「我們可以免費幫您在皮夾上面燙印您的名字，打造出專屬於您個人的皮夾喔！」

「我的專屬皮夾啊……。」美津穗心想，自從開始存錢之後，這一刻一直是她的夢想。

她無數次在腦海中幻想過，當自己站在 LV 的專櫃前，要用什麼方式向店員說「請給我這一款」，或「我要買那一款」，甚至不斷模擬自己用優雅又帶點高姿態的模樣站在櫥窗前，豎起手指，指著商品說：「這一款我要了。」

但當自己真的下定決心購買時，嘴裡說出來的話，與想像中的完全不同。美津穗用提心吊膽且發著抖的聲音說：「我可以買這一款嗎？」

§　§　§

正當十月下旬，夏威夷之旅還記憶猶新，美津穗卻隱約開始感覺到有點不對勁。事情開端是某天雄太打開存摺，邊看邊說：「哇！太棒了，刷了這麼多，這一期的卡費也只要三萬日圓而已。」美津穗聽到後不禁納悶，沒道理啊！這怎麼可能？

回想在夏威夷時，一家人不僅去了頂級牛排館沃夫岡吃牛排，還去人氣名店中村拉麵（Ramen Nakamura）吃拉麵，更在能看到海景的哈利古拉尼飯店的餐廳吃早餐。而且買完LV皮夾後，他們還在購物中心裡幫圭太買了兩件T恤及夏威夷衫，雄太也為自己買了新的T恤、帽子，還有運動鞋。除了LV皮夾之外的所有花費，都是刷雄太的信用卡，甚至當手上的美金不夠時，雄太還拿信用卡去ATM跨國提款，聽說這樣提領現金的匯率，會比在飯店換匯更加優惠。

「沒關係喔！畢竟這趟夏威夷之旅，是美津穗努力存錢省來的。」旅途中，雄太一直面帶笑容，當時的他們是多麼快樂！

可能是因為信用卡的請款時間比較慢吧？美津穗用這個理由，暫時打消自己的不安，並安慰自己，那些費用應該會出現在下一期的帳單中。

美津穗再次察覺到異狀，是在十二月初。當時為了準備明年的賀年卡，美津穗正在整理全家人的照片，就當她心想這次的賀年卡要大大擺上夏威夷旅行的照片時，她停下動作對雄太說：「對了，阿雄！」

那是在某個假日的晚餐後，雄太正在滑手機。

「啊？」

「我剛突然想到，信用卡的帳單來了嗎？」

「信用卡？嗯。」雄太的心思都放在手機遊戲上，似乎沒有認真在聽美津穗說話。雖然美津穗也知道，如果這個時候硬逼他把手機放下，他會很不高興，但她無論如何就是想要現在問個清楚。

正因為雄太沒有回應「啊？帳單啊？來了喔！金額很嚇人呢！」或「帳單來了，要結清那筆款項，真的很辛苦呢！」他那完全不在意的樣子反而更讓人不安。

「喂！阿雄，我在跟你說話！你先停一下，把手機放下，好好回答我。」

「幹麼啦？」不出所料，他開始不爽了，「到底要幹麼？」

「我問你，信用卡的帳單來了嗎？上個月的。」

「上個月？十一月的？已經來了，金額也差不多，都已經付完了啦！」從雄太不耐煩的口氣當中，可以聽出他很不開心遊戲玩到一半被打斷。

「差不多是多少？」

「就差不多啊！跟以前一樣三萬左右。」

「這太奇怪了吧？我們在夏威夷刷了這麼多耶！」

「反正我都有按照帳單上的金額繳款，沒差吧！」

「不是、那個帳單讓我看一下。」

雄太不發一語。

「我在跟你說話！」

「我不知道帳單在哪！現在沒有人在用實體帳單，早就全部數位化了！」

「那讓我看一下電子帳單，只要上個月和上上個月的就好！」

雄太忽然站了起來大聲說：「就說我都有按時繳錢，沒有問題不要沒事找事！」說完走回寢室，「碰」的一聲關上門，被嚇到的圭太也因害怕而哭了起來。

從雄太那邊得不到答案，美津穗只好靠自己回想，盡可能把在夏威夷的花費一筆一筆寫下來，尤其是雄太用信用卡支付的項目，美津穗特別用螢光筆標記起來。回想的過程中，美津穗腦海中的警示燈不斷閃爍，好幾次都忍不住想乾脆別算了。

由於匯率的關係，就算把消費明細一一列出來，也無法回推出正確的數字，只能大概知道最少有十五萬日圓，最多可能會超過二十萬日圓，但這只是一家人在夏威夷的花費，平常雄太應該也有在用信用卡，像是他們兩個人的手機月租費與通話費，因為是雄太的家人方案，所以都是由他支付，一個人每月約要八千日圓，兩個人加起來則會超過一萬五千日圓。

怎麼算都不合理。

等到隔天吃早餐時，美津穗又試著追問了一次。

這一天的早餐是吐司、優格與煎蛋。優格是美津穗自己用優格機做出來的，材料是每公升九十八日圓的低脂鮮乳。美津穗就算每天省吃儉用，還是希望雄太能吃得健康，所以這一臺優格機是美津穗靠網路問卷的集點活動，每天一點、兩點，慢慢累積到兩千點所兌換來的。本來想用這些點數換一些自己想要的東西，但轉念一想，還是全用在家人身上。

看著老公悠哉吃早餐的樣子，美津穗心中不禁又浮現：「難道你就不能幫我消除心中疑慮嗎？」於是開口：「那個、雖然之前也問過，就是關於夏威夷的費用……。」雄太一點反應也沒有，只是繼續吃著優格，微微抬眼看著美津穗。

「我還是有點擔心，所以可以讓我確認一下嗎？我們在夏威夷的刷卡消費，目前狀況到底怎麼樣？我知道阿雄付了很多錢，我粗估可能有將近二十萬日圓左右，如果這筆金額太大，我也可以幫忙付一些。」儘管美津穗已經低聲下氣、退讓至此，但雄太仍沒有任何反應。

「我只是想確認一下我們在夏威夷到底花了多少錢？」

「就跟妳說，我都有按時付款。」雄太把湯匙放在桌上，卻因動作太大，湯匙直接掉在地上，發出「噹啷」的清脆聲響，「我有按時繳款，妳不用擔心。」雄太完全沒有要撿起湯匙的意思，美津穗只好趴到桌子底下把它撿起來，她心想，在這漫長的人生中，自己到底還要跪在地上多少次？

過往每到這種局面，美津穗就會停止追問，但今天不知道為什麼，她就是無法停下來，「每個月都只繳三萬日圓，難道你不覺得奇怪嗎？光是手機的月租費就占了一大半！」美津穗在廚房把湯匙洗乾淨之後，遞給雄太時又繼續追問。

「就跟妳說我有準時付錢了。」

「我們九月下旬去夏威夷旅行，但是十月、十一月的信用卡帳單卻只要繳三萬日圓……這樣算起來對嗎？」

雄太猛然站了起來，「再不出門就來不及了。」

「你幹麼這樣？為什麼每次問到這個就生氣？就是因為擔心，所以才想要弄清楚是怎麼一回事。而且那趟夏威夷的旅行，也是用我自己存下來的錢……。」

「我存下來的、我存下來的……不要說得一副自己很厲害的樣子！那些都是我工作賺來的！什麼妳存下來的錢，那全是我賺來的，為什麼非要逼我說出這種話？」

雄太一句「全都是我賺來的」，深深刺痛美津穗的心，她這幾年費盡苦心，一塊錢、一塊錢存下來的所有辛勞，都被這一句話給抹滅了。「我只不過是想確認清楚。」美津穗小聲呢喃著。雄太完全沒有理會，他回到寢室換好衣服、拿起公事包，粗暴的關上門，就去上班了。

最後，美津穗什麼也沒能搞清楚，便要過年了。

§　§　§

自從那件事情之後，兩個人連續好幾天都在生悶氣跟冷戰，再加上雄太年底的工作比較忙，還得參加尾牙，兩人一起吃晚餐的機會也不多，沒什麼時間好好談話，但最主要的原因還是美津穗怕一不小心把氣氛搞僵，到時候自己又要被罵。

其實在更早之前，美津穗就發現雄太對金錢的態度很隨便，花錢時從來不會多加思考，卻又很討厭別人為了這件事情碎念他；很可能是因為他也知道自己不擅長處理財務相關的事情。

年底的獎金發下來之後，雄太拿了三萬日圓給美津穗。他把錢放在銀行的信封裡，有點粗魯的塞到美津穗的面前，只說了聲「給妳」。

「要做什麼？」

「聖誕節快到了，去買一些妳想要的東西。」這可能就是雄太道歉的方式，但是對美津穗來說，這三萬日圓只會喚醒她心中的焦慮，提醒她事情還沒結束。儘管如此，他們還是維持表面和諧、正常生活，並沒有任何改變。

過年時，夫妻倆一起帶著孩子回雄太老家住兩天。婆婆一如既往的不斷稱讚自己兒子：「雖然行為舉止有點粗魯，但其實是個很溫柔的人」、「雄太從小就很聰明，算術能力特別強」等，美津穗心不在焉的聽著，心裡不斷嘀咕：「你兒子計算能力這麼強，怎麼會連我們在夏威夷花多少錢都算不清楚？」

過兩天，當他們準備要回去美津穗的老家時，只見雄太推說「我太累了，不想去」，所以就讓美津穗自己一個人帶著圭太回娘家，但也只有簡單吃頓晚餐，沒有過夜就回來了，

「不能把雄太一個人丟在家……。」看著滿臉笑容的媽媽，美津穗心裡滿是愧疚，但還是搭上電車回家。

其實在過年前，美津穗心裡實在是很慌張，所以特地打電話到信用卡公司詢問。她原本以為只要有姓名跟卡號等資料，就可以查到信用卡支付紀錄與帳單明細，還特別在某天晚上，偷偷從雄太的皮夾裡把信用卡拿出來、記下卡號。

「很抱歉，信用卡的相關資料，只能提供給持卡人本人。」電話那頭的女客服人員，直接拒絕了美津穗的詢問。

「真的不行嗎？」

「如果只有卡號跟姓名的話……。」客服人員語氣聽起來很為難。

「其實這張信用卡是我老公平常在用的，但無論刷多少，他都說每個月只要繳三萬日圓就好，就連我們之前去夏威夷旅行的時候，一路上也刷了不少，但請款金額還是只有三萬日圓，我怎麼想都覺得很奇怪。」等回過神來，美津穗已經不自覺的向素未謀面的陌生人坦露所有心聲，「所以我真的很想知道是怎麼一回事？」

「有可能是用了循環信用繳款。」不知道為什麼，對方突然壓低音量。

「什麼？」美津穗好像有聽過，但她其實不太懂是什麼意思。

「如果能請您先生來一趟，就可以查詢『循環信用繳款交易明細』。到時候就能知道您先生的信用卡裡，至今已經使用了多少額度，以及還有多少帳款需要結清。後續也能選擇要一次性用現金清償，或改成用較低利率的分期付款方式來償還應繳金額。請務必帶您先生來一趟！」對方一說完，就匆匆掛掉電話。

美津穗無計可施，只好試著上網搜尋「循環信用繳款」。但在看到正確的名詞解釋之前，就先看到一堆廣告，例如，「還在為支付高額的循環利息而苦惱嗎？輕輕鬆鬆降低每個月固定支付的應繳金額」，或是畫著可愛插圖的廣告上面寫著：「每個月辛苦支付循環利息的我，只花了一分鐘就輕鬆解決！」

把這些奇怪的資訊都篩選掉之後，美津穗才看到一些比較正常的介紹網頁，但點進去一看，美津穗整個人都傻了，「循環信用繳款就是每個月支付固定金額，連同利息一起還款的制度」、「循環信用的還款手續費及利率多半高達一五%[2]」，更有人直接說，「循環

2臺灣的信用卡循環利率大都會在五%至一五%左右。

信用繳款，講白了就是借高利貸」。看到這裡，雖然美津穗仍無法掌握事情的全貌，但隱約可以推測，雄太可能是利用了「循環信用繳款」的機制，但是要怎麼向雄太說這件事？又要怎麼溝通，他才會願意好好討論？

上次是在雄太剛起床又趕著上班的時段討論這個話題，美津穗心想，下次要更慎重的挑時機，也要預先想好溝通方式才行。

§　§　§

一月二十五日是年後的第一個發薪日，雄太像往常一樣拿出五萬日圓給美津穗。

「這是這個月的錢。」

「謝謝，辛苦你了。」

今天晚餐吃餃子。美津穗先把高麗菜剁碎，加入鹽巴搓揉之後，用力擰乾高麗菜的水分，然後把高麗菜與豬絞肉混在一起、調味，最後攪打出筋，讓餡料口感Q彈，餃子皮則是美津穗趁特價時買的，一整袋只要六十八日圓。

整份餃子只用了一百公克豬絞肉，吃起來卻很有飽足感，是美津穗的拿手料理之一，看似平價卻也相當費工，尤其要下鍋煎餃子時，美津穗還不忘要先調好太白粉水，這樣在煎的時候，才能做出薄脆的冰花外皮。搭配用豆芽菜製成的韓式涼拌小菜，再擺上一瓶第三類啤酒，雖說是省錢料理，但也是一套相當適合發薪日的華麗晚餐。

「美津穗的手工煎餃超好吃，比外面做的還要好！」要在雄太這麼開心的時候，提起信用卡的話題似乎有點過意不去，但美津穗實在無法再等下去了。美津穗放下筷子嚴肅的說：「阿雄，真的很抱歉。」

「怎麼了嗎？」

「今天是發薪日，而且你心情這麼好，我也不想提起這件事……但無論如何，我還是想弄清楚，你信用卡的付款狀況到底是怎麼一回事？你一直說這個月和上個月，還有之前每個月的卡費都是三萬日圓，但這個金額怎麼算都對不起來。會不會你每個月所繳的固定金額，就是循環信用繳款？我也不想一直糾纏你，只要讓我確認一次就好，只要一次！等我確認完，就絕對不會再提起，也不會拿這件事來怪你，拜託你了。」

美津穗完全不看雄太的臉，只是死命盯著自己做出來的煎餃，一口氣把話說完，而且說著說著還流下眼淚，「真的很抱歉，在這個時候掃你的興。但如果家裡真的有負債，希望你能老實告訴我，這不只是為了我跟阿雄，也為了我們的孩子、為了圭太。我希望能讓圭太上大學，但依我們家目前的經濟狀況，除了教育儲蓄險之外，根本沒有其他積蓄，如果不把家裡的財務狀況弄清楚，我實在沒有辦法安心。」

雄太長長的嘆了一口氣：「既然妳都這麼說了……。」

美津穗抬起頭來，心想搬出兒子果然有效，「如果家裡有負債，我也可以一起努力。只要把圭太送去托嬰中心，我就能一起工作賺錢了。」

「可是，我也不知道哪裡有信用卡的明細資料，我已經好幾年沒看過帳單了。」

「你之前不是說可以在網路上查嗎？」聽到這，雄太心不甘情不願的拿出手機。之後的查詢過程超麻煩，因為雄太只有在紙本帳單轉為網路帳單時，曾登入過一次，便再也沒有使用過這套系統了。

只見雄太不耐煩的抱怨說：「到底要怎麼查啊？」、「密碼是哪一組？」美津穗想看一下手機螢幕時，雄太還會不開心的揮開她，不過美津穗也趁此機會，問出了雄太當初申辦信用卡、使用循環信用繳款的經過。

雄太似乎是在學生時期，因為要申辦免費的 iPhone 手機，所以同意電信公司的合約，也同意要申辦一張新的信用卡，並綁定這張信用卡來支付相關電信費用。

「那當初有說要設定成『循環信用繳款』嗎？」美津穗接著問。

「其實我也忘了到底有什麼設定，依稀記得手機的月租費大概是八千日圓，而且電信公司說不管刷多少筆，每個月要繳的金額都不會超過三萬日圓，沒有額外利息或手續費，只是一般的信用卡。總之只要一直有在用，應該不會有什麼問題。」

「問題可大了！」

「有這麼誇張嗎？這種固定繳費模式，應該就跟訂閱制差不多吧！只要每個月都有繳三萬日圓不就好了嗎？」雄太停下手邊動作，試圖拿一些歪理來反駁美津穗。

聽著雄太的言論，美津穗幾乎就要被說動了，如果能全盤接受雄太的說法，確實沒有什麼好擔心的，但事情哪有這麼簡單，美津穗只能先用安撫的語氣說：「總之，我們先弄清楚還有多少錢要繳，再來考慮後續要怎麼處理。」

在雄太嘗試幾組密碼之後，他忽然停下來、瞪大眼睛盯著手機螢幕。因為雄太突然停止動作，美津穗就從他身旁偷偷看了一下螢幕畫面。

「兩百二十八萬日圓？」美津穗抬頭看著雄太的臉，只見雄太一臉震驚。

§　§　§

自那天之後，就是一連串驚濤駭浪的日子。

美津穗先利用雄太的下一個休假日，全家人一起到信用卡公司申請「循環信用繳款」的交易明細資料。一切就跟當初美津穗在電話裡所聽到的一樣，雄太確實用了循環信用繳款，而且利率高達一五％。

「兩百二十八萬日圓的一五％，就是三十四萬兩千日圓；再除以十二個月，等於兩萬八千五百日圓……。」

「所以每個月要付的手續費跟利息是兩萬八千五百日圓。」

「也就是說，先生每個月所支付的三萬日圓，有兩萬八千五百日圓都是利息，實際用來償還本金的數額只有一千五百日圓而已。」如果用這種方式來計算，不但過去積欠的卡債不會減少，每個月還要再加上新的消費，累積的欠款利息還會越滾越多。

「如果不想一直負擔這麼高的利息，最好盡快把卡債全額繳清。而且按照目前的情況來看，每天都會產生約一千日圓的利息，累積起來就是每個月要繳交的利息及手續費。」

美津穗無論如何都想不到要如何湊出這麼一大筆錢，於是，他們決定先去向雄太老家的父母商量。

聽說雄太在大學時期，只要生活費不夠用，就會先刷信用卡度日，但也不是要怪罪雄太的爸媽沒把孩子教好，只是想解釋他們之所以會欠下這一大筆卡債的原因，並試著向雄太爸媽低頭借錢、請求協助，沒想到立刻被拒絕，「你們兩個都是成年人了，這種事情要自己想辦法處理！」婆婆臉上不帶半點笑容，「我也是想幫你們啦！但巧婦難為無米之炊，家裡根本就沒有多餘的錢，而且我們還得煩惱往後的老年生活呢！」

「實在是很抱歉，給爸媽添麻煩了。但現在我們每個月所付的錢，也只夠償還利息而已。這筆錢我們日後一定會還給您們。」

「就說我們沒錢了。」

在旁邊一直低著頭的雄太突然開口：「能不能把預計要用來養老的錢，暫時先借給我們呢？」連一旁的雄太爸爸也開口幫腔：「就從退休金裡拿出一些吧？」

「什麼退休金？早就花完了！」

「咦？」

「所以才跟你們說沒有錢啊！我們的晚年生活還指望你們幫忙呢，振作一點。」看著平常氣質高雅的婆婆大聲說著不通人情的話，美津穗覺得自己到死都不會忘記那張扭曲的面孔。

雖然美津穗心裡知道，跟獨力扶養自己長大的媽媽討論這件事可能沒什麼用，但她實在是很想找個人商量，至少出點意見也好，於是就帶著兒子一起回娘家。

「把這個拿去用吧！」媽媽聽完之後拿出存摺，美津穗打開一看，裡頭餘額還有一百三十萬日圓。

「這我不能收，這些都是媽的老本。」

「但總不能放著不管吧？」

看著存摺裡一筆一筆的細項就會發現，這都是美津穗的媽媽每個月努力省下一萬、兩萬日圓所存下來的積蓄。

「如果真的沒辦法，你們要不要考慮搬過來跟我一起住呢？雖然雄太可能會有點介意，但至少從這邊到新宿也不會太遠。況且，我也可以幫忙照顧圭太，這樣你就能出門工作，補貼一點家用，還能省下每個月的房租。」美津穗的媽媽低聲續道：「畢竟我也沒辦法把這棟房子賣掉，能為你們做的也只有這麼多了。」美津穗娘家的這棟老房子，是爸媽結婚時買下的中古透天厝，在美津穗的爸媽離婚之後，是媽媽獨自辛苦付完房貸，要說是媽媽最後的堡壘也不為過。

最後，美津穗帶著向媽媽借來的一百三十萬日圓，還有雄太剩下來的獎金四十萬日圓，以及美津穗所剩無幾的私人存款十萬日圓，去了一趟信用卡公司。先結清大部分欠款之後，不足的部分，則改成用分期付款的方式來處理。

至於**當時在夏威夷花了十萬日圓所買的ＬＶ長夾，美津穗一次也沒用過，就放到二手交易平臺上賣掉了**。當初入手時因為覺得太珍貴，所以一直放在盒子裡，捨不得拿來用，也沒料到當初請店家加上自己名字的英文縮寫「Ｍ・Ｈ」，最後竟然變成不好脫手，又影響拍賣價格的理由。

美津穗為了拍商品照，特別把皮夾從盒子裡拿出來，包括當時的外盒、內袋、提袋等一應俱全。美津穗慶幸自己沒有丟掉或弄丟任何一樣東西，畢竟附上這些原廠包裝配件跟沒有附的，在拍賣價格上會差一大截，而在夏威夷ＬＶ直營店所拿到的收據，美津穗也將它當成購買證明，一併上傳到平臺。

當美津穗把這些物品、配件全都擺出來時，她的心都要碎了。她伸手拿起長夾細細的撫觸，說著「這皮夾的品質真好」，忍不住把長夾放在自己不施脂粉的臉龐，用力吸著長夾的氣味，那是結合了高級皮革與塑膠的迷人氣息。

好想要好好的使用它，跟它一起度過每個日子，一起歡笑、一起變老。**這個皮夾明明要陪著我一起走向幸福未來，為什麼現在會變成這個樣子？**

一開始，美津穗把皮夾價格定在九萬九千日圓，但上架不到一分鐘，就傳來殺價訊息：「如果可以降到六萬日圓，我立刻下標。」

「這皮夾是全新的，才剛出廠，六萬日圓真的沒辦法。」美津穗壓抑著被羞辱的心情，客氣的回覆對方。

「可是上面有名字的英文縮寫，我覺得這樣不容易找到買家喔！」

「九萬日圓以下真的無法。」

「那六萬兩千日圓可以嗎？」

連續兩天傳來各種殺價詢問，「五萬五千日圓可以嗎？拜託妳了」、「可以降到六萬五千日圓嗎？」、「六萬三千日圓，幫我保留到月底再支付可以嗎？」美津穗看得相當痛苦。

約莫到了第三天，在這樣討價還價的過程中，美津穗已經筋疲力盡，這時突然看到一則「七萬日圓的話，我可以立刻下標」的訊息，美津穗不再堅持，回覆對方「好的，那就七萬日圓轉讓給你」，沒想到對方竟然反悔：「還是改成六萬八千日圓好了，這個月手頭比較緊……。」

「難道想買 LV 的人，都這麼厚顏無恥嗎？」正當美津穗覺得這只心愛的 LV 長夾正一點一點的被大家玷汙時，對方又發了一則訊息：「我的名字縮寫剛好跟妳一樣，我會好好珍惜它的，拜託妳了！」這則訊息推了美津穗一把，她不再猶豫，立刻回覆「好的」，於是在調降商品價格之後，網頁瞬間被壓上「完售」的字樣。

看著商品售完的畫面，美津穗雖覺得悲傷，心裡卻湧上一股如釋重負的感覺。

她重新瀏覽了所有訊息，為了用更便宜的價格買下這款長夾，有人苦苦哀求、有人嗆聲恐嚇、有人嫌棄貶低，只為了想要再便宜一塊錢；甚至有人因為得不到預期的回覆，轉而開始奚落、詆毀。這一切的一切，簡直就像是一場鬧劇，一想到這裡，美津穗不自覺的笑了出來。

「或許，這個錢包根本就不適合我。」想通了之後，美津穗神清氣爽的把長夾包好準備出貨。

她心裡冒出一個念頭：總有一天我一定要爭一口氣，給你們好看！

但是，究竟要給誰好看？是那些為了殺價買錢包聚集而來的人們？還是為了錢包本身？又或者是錢？是信用卡公司？還是老公？老公的家人？甚至是自己？

這個問題的答案，連美津穗自己也不知道。

理財小知識

- 臺灣金管會規定，信用卡循環利率最高一五％，最低則依各銀行之標準，通常落在五％至一五％之間。

第二話

錢包在騙你

水野文夫身上還背著一百五十萬日圓的學貸，但他還是去預借現金，在二手拍賣網買下六萬多日圓的名牌長夾，正當他透過朋友推薦，想靠販售外匯課程賺錢翻身時，沒想到……。

用六萬八千日圓標下全新的LV長夾後，水野文夫低喊了一聲：「YES！」並在座位下興奮的握住拳頭。

儘管已經壓低音量，但隔壁某個像是上班族的年輕女性，還是朝文夫瞥了一眼，輕輕的「嘖」了一聲。這名女性穿著淡粉色罩衫，有著漂亮捲度的咖啡色中短髮，整齊的落在肩膀上。

文夫用一副「你給老子記住」的神情回瞪對方，並在心裡暗嗆：「吵死了！像妳這種外表跟性格都不怎麼樣的醜女，想找對象應該去聯誼吧，參加什麼『開運錢包講座』？我才不會跟這種醜女人結婚呢！」雖然心裡不爽，但是文夫為了參加這場講座，已經付了四千九百八十日圓的入場費，如果不認真聽完就太浪費了，所以他又把目光轉到前方的講師——開運錢包特別顧問善財夏實的身上。

「錢包是一切財富的根源。使用窮酸錢包的人無法擁有豐富的未來。就像你和另一半去法國餐廳吃飯，對方卻拿出廉價魔鬼氈皮夾買單，這樣的男人你會願意嫁給他嗎？應該不會吧。」

自從善財夏實老師出版新書《想婚的女生請用粉色錢包》後，參加講座的大齡單身女性突然變多了。可能是因為那本書賣得不錯，所以善財夏實也刻意在講座中加入許多與結婚或找對象相關的內容。

「來參加我這場講座的學員中，應該沒有人用魔鬼氈錢包吧？」被學員塞滿的大會議室裡同時爆出笑聲。之所以一直提到魔鬼氈錢包，是因為之前善財夏實在推特（Twitter）上發表過一則推文，內容是「使用魔鬼氈錢包的男人，終其一生，年收入都不會超過三百萬日圓，也沒辦法結婚」，這則推文在網路被大肆討論，也因為這起事件，她才能以「開運錢包顧問」的名號被大眾認識；在此之前，善財夏實只不過是一個不起眼的開運風水老師，僅靠著寫手身分，在網路上發表一些開運占卜文章。

這則推文會爆紅，是因為某個網路公司創辦人的轉推評論上寫著：「我就是使用魔鬼氈錢包的男人，但我公司的營業額一年有二十億日圓，而且我老婆還是牛奶核桃，這又怎麼說？」

這名企業家是在網路發展初期，靠著成功開發並轉售「網站留言版功能」的技術，才晉身為身價不凡的科技新貴，而他的老婆「牛奶核桃」，原本是一名不太暢銷的寫真偶像，後來轉戰非主流偶像的市場；在某一次活動中結識這名企業家，進而交往、結婚。牛奶核桃更在婚後，將一群寫真偶像組成團體，再藉由老公的資金援助，在秋葉原打造了一間大型演出劇場，成功轉型為一名創業者。

如果連這種能賺進大把鈔票，老婆漂亮又有經營頭腦的人都在使用廉價魔鬼氈錢包的話，那善財夏實的推文內容根本就是鬼扯。但善財夏實絲毫不以為意，甚至還轉發對方的推文，加柴添火的蹭爆熱度、加速輿論的討論與散播。

兩人在網路上的互動，激起民眾熱烈討論、帶來廣大流量。每個人都想或許哪一天，自己也能靠著網路社交平臺爆紅，並從中獲取一些成功創業或一夜致富的機會。

此時，文夫的手機突然響了起來，他嚇得臉色發白，明明剛才已經把手機調整成靜音模式，一定是為了用手機記錄演講重點，才不小心誤觸鈴聲開關，雖然文夫慌慌張張的關掉手機鈴聲，但已經引起整個會議室的關注。善財夏實好像已經習慣這種狀況，所以只是朝文夫的方向看了一眼，然後若無其事的繼續往下說，文夫不確定老師是不是有看向自己，但還是不好意思的頻頻低頭表示歉意。

只見善財夏實繼續說：「**皮夾或錢包的狀態，其實就是你腦中的狀態**。只要錢包整理得有條有理，代表你的大腦或思緒清晰、有邏輯。所以，保持錢包的整齊、乾淨很重要。

要隨時隨地都能掌握自己的錢包裡有什麼，更要知道裡面有多少錢。」聽到這裡，文夫對於剛出價買下 LV 長夾的自己感到相當自豪。決定從今以後要依照善財夏實老師所說的，好好珍惜、使用這個錢包。畢竟自己的頭腦就跟 Louis Vuitton 一樣，世界一流。

今天的講座上，善財夏實不僅分享了錢包開運的方法，更稍微帶到「如何運用網路社群平臺，帶領自己走向成功之路」的祕訣，她說：「一定要每天更新自己的社群平臺，並從中找出自己的優點與特色；用條列式或簡明扼要的方式，發表對生活有幫助的推文；而且不要怕酸民的惡意留言，也不要害怕被炎上[3]。」

在演講最後，善財夏實問大家：「你們知道，為什麼我敢這麼大方的把所有成功祕訣都告訴你們嗎？為什麼我不怕你們會變成我的競爭者？」她停頓幾秒，環顧大會議室的每一個角落，彷彿是在給學員們思考的空間。

正當大家開始疑惑「現在是什麼狀況？」時，善財夏實開口接著說：「因為我知道就算我公開所有祕訣，也不會有人真的執行。以現場這一百多個人來說，回到家之後會馬上

3 一個人在網路上失言，引起紛爭。

動手整理錢包，或更新自己網路社群平臺的人，可能十個都不到；而這不到十個人裡面，能持續堅持一整年以上的人，說不定一個也沒有。**真正能吸收別人的智慧與知識並立刻行動的人，可說是少之又少**。我就是清楚知道這一點，所以才會把祕訣告訴大家。」說完之後，善財夏實冷冷一笑，那是一個無所畏懼的笑容。

§ § §

講座結束後，文夫一走出會議室，便在走廊上回撥剛剛的電話。

「糟了啦！」電話那頭傳來小石良平顫抖的聲音。

「怎麼了？」

「什麼怎麼了？文哥，你在幹麼？為什麼不接電話？」良平的語氣聽起來有點不滿。

「我剛剛在參加金融相關的講座活動。」

「文哥果然是高材生，有上過大學就是不一樣！」良平敬佩的說道。

「才沒那回事。又發生什麼事情了嗎？」文夫故作冷漠的回答。他想，這大概就是自己願意跟良平往來的理由吧！良平在他面前，總會說出一些崇拜自己的話，而且也能感受到良平信賴著自己。

「小高說他這個月可能付不出八萬日圓。」小高的本名是高橋修，和良平同鄉，他們老是混在一起，文夫也曾看過他幾次。

「那不就糟了。」

「所以我才打電話求救啊！」良平說。

「那他打算怎麼辦？」

「他好像想問問文哥的意見，看之後該怎麼辦。文哥能來一趟『光太郎』嗎？」

「光太郎」是位在歌舞伎町的一間地下室酒吧，也是唯一一家會讓文夫他們賒帳的店，所以他們經常相約在那裡。

「今天晚上？」

「對。」

「好吧……也只能這樣了。」本來文夫今天晚上回到家之後，預計要讀理財規畫師（Financial Planner）的證照考試內容，連書都已經買好了，現在看起來要泡湯了。

於是文夫從剛剛舉辦講座的大手町站，搭著地鐵到新宿站，出站時，已經過了晚上九點。雖然這個時段的歌舞伎町有各式各樣的人在路邊拉客，但沒有半個人向文夫搭話，就算不小心對到眼，對方不是立刻撇開視線，就是露出一副輕蔑的笑容。

這大概是因為文夫也曾在同一條街上、做過相同的工作，所以散發出同類氣息的關係；又或是這些人對文夫還有印象，所以沒多做糾纏。雖然可以輕鬆通過這個複雜地段很好，但難免讓人感到一絲絲被無視的落寞。

在走去「光太郎」的路上，文夫先到提款機用「預借現金」的方式領了六萬八千日圓，他對預借現金的流程，熟到像是從自己的銀行帳戶提領現金一樣，接著他走到便利商店，把錢轉入剛剛標下LV長夾的二手交易平臺帳戶內。二手交易平臺會等買方收到商品並確認品質、完成交易後，才會把款項匯入賣方帳戶，但為了保障賣方權益，如果買方沒有預先支付款項給平臺，賣方也可以先不出貨。

文夫走進「光太郎」時，良平與小高正一臉嚴肅，面對面的坐在店內深處的四人座上。

「嗨！」在文夫開口前，良平與小高完全沒注意到他站在旁邊。

「啊！是文哥！」良平看到文夫後，立刻起身鞠躬迎接，「歹勢，讓文哥跑一趟！」良平高中時似乎待過棒球社，所以相當講究輩分禮儀。以前看到良平這些舉動，文夫都會說：「不用這麼客氣！我們是平輩。」但習慣之後也就沒多說什麼。

小高完全沒有要起身的意思，只是坐在座位上，懶洋洋的抬頭看向文夫。一般來說，文夫是為了小高的事才特地趕來，他看到小高這麼懶散輕浮的樣子，應該要不開心才對，但神奇的是，小高完全不會讓人產生這種感覺。小高就是一個哪怕從男性的角度來看，都充滿奇特魅力的男子。他有著白皙肌膚、瓜子臉、單薄消瘦的身形，病奄奄似的沒什麼精神，他自己也說過，他幾乎整天都在不舒服，一年當中只有少數幾天比較有活力。

良平則是文夫在路邊拉客時認識的。當時文夫因為付不出大學學費而輟學，之後做的第一份工作就是去歌舞伎町路邊拉客。良平比文夫晚了幾天進公司，雖然相差兩歲，但一樣都沒有路邊拉客的經驗。

在相處過程中，良平很尊重文夫，言行舉止也相當有禮貌。嚴格來說，良平其實對所有人都是這種態度，加上他一百六十公分的嬌小身材，搭配圓潤的可愛臉龐，幾乎所有人都很樂意將良平視為學弟來照顧。

「太好了，文哥來了。」良平露出笑臉，「你看吧！我就說文哥會來吧？文哥果然是大好人。你就儘管請教文哥吧！他什麼都懂！」良平對小高熱情的說，但小高只是露出一抹淺淺的微笑。

「所以到底發生什麼事？聽起來好像蠻嚴重。」文夫問。

「剛剛不是在電話裡面說過了？小高說他付不出來這個月的八萬日圓，文哥有在認真聽嗎？」良平噘起嘴，露出不滿的表情。雖然良平平常舉止有禮，但只要狀況不如自己所預期時，就會擺出不爽的表情。

這令文夫困惑了起來，良平究竟是打從內心尊敬自己，還是習慣說好聽話來謀取自己的利益？如果繼續往下想，良平表面上溫和有禮的行為舉止，甚至是有點遲鈍的小嘍囉性格，有可能是裝出來的，那自己豈不是被對方當成笨蛋耍？文夫不敢繼續想下去。

「等等，我之前完全沒有聽你說過，為什麼小高每個月都要付八萬日圓。」

「啊？我沒有跟文哥提過嗎？真是抱歉！」良平馬上露出一副好好先生的笑臉，一邊抓頭一邊低頭表示歉意，「因為小高缺錢……。」缺錢是所有人的困擾，尤其在新宿的歌舞伎町內，如果要說那些二十幾歲、穿著黑西裝拉客的人每個都有債務問題也不誇張。

「我跟那個人借了五十萬日圓。」小高沒頭沒腦的說。

「除了五十萬日圓之外，你還有其他欠款嗎？」文夫心想，小高的債務一定不只五十萬日圓，於是不加思索的繼續追問。

畢竟良平就有兩百萬日圓的預借現金欠款，他還向親朋好友及身邊的女人借了兩百五十萬日圓；文夫自己也有一百五十萬日圓的助學貸款，以及九十萬日圓的預借現金，再加上最近開始接觸的「外匯交易」課程教材，也還有四十萬日圓的分期付款還沒還清。

「大約有一百萬日圓的預借現金，及三百萬日圓左右的賒帳。」小高的賒帳，是指之前他在男公關俱樂部短暫工作時所欠下的帳款。由於男公關俱樂部的女性客人在消費時都會先記帳，等月底才一次結清；如果月底收不回帳款，該筆款項就會由當初接待的男公關負責償還。

小高在店裡雖然不是頭號紅牌，但也經常是店裡的前三名；儘管客人不多，但還是有願意花大錢的女客人。但說也奇怪，小高的常客們都有一點精神方面的問題，其中就有一位特別熱情的女客人，年近四十，總是穿著粉紅色套裝，常常遠從栃木縣開兩個小時的車到店裡消費；這位客人前後共消費了上百萬日圓，沒想到最後卻跑了，而她欠的帳款就落在小高頭上。

小高一時也想不到其他方法，只好向其他男公關借了車，在某個大熱天，帶著良平與文夫，三個人一起殺到那位女客人位在栃木縣的老家。那是一間連冷氣都沒有的老房子，只有一個靠退休金清寒度日的老父親，他對著三人兩手一攤：「要錢沒有，要命一條。或是你們看看有什麼值錢的東西，想拿就拿吧！」最後三個人只好悻悻然的離開，畢竟那裡什麼值錢的東西都沒有。

「那其他女人呢？」文夫問。小高辭掉男公關的工作之後，就遊蕩在許多女人身邊。小高歪著頭，「大約五百萬日圓吧？」大概對小高而言，從女人那邊借來的錢，是她們心甘情願給的，所以不算欠吧。而且小高提到這些數字時，都沒有精準的尾數，只是隨口回答一個概括數字，不過現在去計較這些也沒什麼用。

「總之，小高因為還不出那筆店裡的帳，所以就跑去借了五十萬日圓。」良平說話的口氣，輕鬆得像是上臺講笑話一樣。

「跟誰借？」文夫又問。

「店裡的人介紹的。」小高淡淡的回答。小高說起話來完全沒有重點，讓文夫聽得一頭霧水，「店裡的人」應該是指在男公關俱樂部裡認識的朋友吧？「我們說好下個月要還，但如果還不出全額，只要每個月付八萬日圓，就可以延後還款。」

「咦？」文夫忍不住發出困惑的質疑聲。

「就是，每個月只要付八萬日圓，就能延後還錢。」小高又說明了一次。

「等一下，延後還錢是怎麼一回事？是說原本欠的五十萬日圓，扣掉已經還的八萬日圓，所以還欠四十二萬日圓，是這個意思嗎？」

「不是，要還錢的話，一定要一次還清五十萬日圓，不然對方不收。」小高一副理所當然的樣子，「但是我這個月連八萬日圓都付不出來了。」

「你這樣已經付了幾個月？」文夫又問。

小高用他細長的手指數著，「大概五個月吧？」

「那你等於已經付四十萬日圓了耶！原本只要再付十萬日圓就還清了，但現在竟然還有五十萬日圓要還，這樣很奇怪吧？」

小高歪著頭納悶說：「我們當初就是這樣約定的啊！」

「到底是怎麼一回事？算起來利息超級高，但這又不是單純利息的算法。」文夫怎麼想都覺得不對勁，就算不具備理財規畫師的資格，也知道這種還錢方式很詭異。

「究竟是誰借你錢啊？」

「我也不太清楚，好像是九州那邊的人。」

九州？為什麼九州那邊的人會借錢給在歌舞伎町的小高？文夫越想越奇怪，「我實在搞不懂是怎麼一回事，但先想辦法還掉這筆錢比較好。總之，不管用什麼方法，先湊到五十萬日圓一口氣還給對方，不然這個問題也無解。」

只見良平跟小高兩個人面面相覷，文夫只好接著說：「我也會幫忙。」文夫突然想到今天在二手交易平臺買到的 LV 長夾。如果先取消這筆訂單，或許能讓小高先湊到這次該還的八萬日圓。但文夫也很想要那個錢包，而且這個 LV 長夾的錢也是先用預借現金買來的。雖然說要幫忙，但文夫手邊其實也沒有多少錢。

「可是借錢的不只我一個人。」小高突然說。

「什麼意思？」因為小高很省話，文夫只能一點一滴問出實情。

小高是個講話不清不楚的人，但因為他有一張清秀的臉，所以勉強可以忍受他這種爛性格。但是，文夫今天晚上卻覺得相當厭煩，是因為剛聽完「開運錢包講座」的關係嗎？

「介紹我去借錢的人，也向對方借了五十萬日圓。」小高接著說：「因為我們是一起跟對方借錢的，所以對方要求我們還錢時也要一起還，否則他就不接受。」

「不能想辦法拜託看看，或是跟對方協商一下嗎？」正當文夫覺得這件事情荒謬至極時，又出現了新的發展。

「我們沒有見過對方。」小高回答。

「欸？沒見過對方？那要怎麼付那八萬日圓？匯款？」

「也不是，就放在某個地方。」小高突然停了下來，似乎不想讓別人知道自己是怎麼付錢的。

這時，良平忍不住開口：「小高！你要把事情說清楚啦！如果你不說清楚，沒有人會像文哥一樣幫我們想辦法啦！」聽到良平這麼說，小高才心不甘情不願的繼續講：「在某個地方會有一個手提包，我們每個月就把錢放進手提包裡。」

這種還錢方式，已經不是奇怪或可疑可以形容，簡直令人匪夷所思。

「地點在哪？」文夫繼續問。

「在某間神社的門廊底下，有一個手提包。」

「然後等你們把錢放進去之後，對方會再去拿？」

「應該吧！」

「難道說，你們借錢的對象，是神社的工作人員？」

「應該不是。」

文夫聽完一個頭兩個大，這是什麼奇怪的還款方式？就算把五十萬日圓全都放進去，只要對方耍賴說「沒有、我沒看到，裡面沒有錢」，他們不就完全沒轍了嗎？

「這下子該怎麼辦才好？」文夫發出嘆息般的聲音。只見良平突然發出「哈哈哈」的大笑聲，小高看到良平大笑，也跟著笑出聲來。文夫就連問他們「怎麼了嗎？在笑什麼？」的力氣都沒有，只想從這裡逃走、逃離這個世界、遠離這些用這種荒謬方式借錢的人。

文夫心想：「我不應該在這裡，我是上過大學的人。與其說我喜歡跟他們來往，還不如說除了他們之外，我也沒有其他朋友了。我怎麼會淪落到這種地步？怎麼會墮落到跟這些人鬼混在一起？」

文夫想到剛剛在開運錢包講座時，自己還自我感覺良好的認為「我才不會跟那個醜女人結婚呢！」但事實上，沒有資格結婚的人應該是自己。

「剛剛那位有著漂亮捲髮的女性，根本不會把我這種人當成理想的結婚對象；不，不只剛剛那個女人，只要是有眼睛的女性都不會看上我，畢竟我連一份穩定的工作都沒有，甚至還欠一屁股債。」雖然文夫從來沒有動過結婚的念頭，也沒有真的喜歡剛剛講座上遇到的女性，但光是這樣一想，他就忍不住害怕了起來。

眼前這兩個人不知道是否有察覺到文夫絕望的心情，但他們已經將話題轉移到如何快速賺錢上了，他們在討論應該怎麼弄來這個月的八萬日圓。

「還是去參加臨床試驗最輕鬆吧？只要在醫院躺著睡覺就行。」

「那個不行。之前我去做過檢查，結果因為太健康，根本拿不到多少錢。」

「如果我去的話，應該可以拿不少吧？」

「對耶！如果像小高這麼體弱多病的話，應該能接受一些比較好價錢的臨床試驗……但還是不要好了啦！畢竟體弱多病代表危險性高，你可能會因此死掉耶。」良平用著似是而非的大阪腔吐槽小高，兩人因此開心大笑。

「這麼一說，我才想起前幾天，曾經在網路上看到一篇很貴的 note 文章，標題是『這個最適合當副業！保證月收三十萬日圓』。」小高說道。

「note」是日本一個供人發表文章的平臺網站，裡面有各式各樣的內容，有些能免費閱讀，有些則要付費。

「雖然那篇文章要三萬日圓，超級貴！但想說買來看看。」

「你買了嗎？」文夫原本心不在焉的聽著他們說話，但被三萬日圓的價格嚇到不禁脫口而出。

可能因為文夫插嘴，小高一臉不開心的看著文夫。「裡面都寫了一些什麼內容？」文夫趕快轉移話題。

「很多啊。」

「那種文章真的值三萬日圓嗎？」

「文哥還不是花了四十二萬日圓買外匯交易課程教材，你好意思說這種話嗎？」良平嘻皮笑臉的吐槽文夫。

因為被戳到痛處，所以文夫回嘴反擊：「那很有用好不好！現在正要回本。所以裡面到底寫了什麼？」文夫繼續追問。

「你有聽過『安樂轉賣』嗎？」

「安樂？轉賣？」

「總之，就是利用會員集點活動或優惠特價期間，趁低價或高回饋時買進大批特定商品，藉以賺取十倍或二十倍的回饋點數；再用這些點數，以低於市價的價格買入遊戲機或精品名牌，之後轉手放到二手交易平臺販售，從中賺取價差的方法。」聽了小高的說明，文夫總覺得這些內容好像在哪裡聽過。

「就是買低賣高的轉賣商嗎？」

「不只是這樣，因為同時還能獲得點數回饋，所以可以用這些點數在安樂網路購物平臺上買東西。」

「原來如此。」文夫好像有點懂了。

「據說剛開始跟著執行這套方法的人，初期只是每個月投入十萬日圓試水溫，後來發現太好賺，所以現在是每個月投入幾十萬日圓在囤貨。」

「但要選擇什麼商品來囤也是問題吧？畢竟後續還要處理庫存。」

「是沒錯，但像是 Switch、PlayStation 或 iPhone 這類暢銷人氣商品，只要手邊有貨就賣得掉。據說這篇文章後續還有介紹一些目前最暢銷的商品，但是要繼續儲值才能解鎖。」

「喔。」文夫心想，現在還真是什麼東西都要儲值、課金。

「就連一些吃的、喝的等生活用品，都能在安樂網路購物平臺用點數換來轉賣。而且因為方法很簡單，有許多上班族或家庭主婦，都以此為副業賺了不少。」

「欸？那小高也開始做了嗎？」

「當然沒有！如果家裡堆滿了 Switch 等商品，我覺得很煩！而且還得出貨，實在有夠麻煩。」

「看來花了三萬日圓買文章，結果什麼也沒得到！如果用這種方式就能賺到錢，幹嘛還要在 note 上賣文章呢？而且這套方法，知道的人越多，競爭就越激烈，這就是安樂轉賣與外匯投資交易不同的地方。」文夫想了一個理由說服自己。

但是，在這世界上的某個角落，應該真的有只屬於我們的搖錢樹吧？

§　§　§

水野文夫出生在北關東地區[4]。他的父親曾是一名壽司師傅，在國道旁的壽司店工作。這家壽司店的老闆兼主廚，是一個身材高大魁梧、聲音宏亮的男性，與之相反，水野文夫的父親身形矮小單薄、性格軟弱。

文夫的爸爸是店裡眾多壽司師傅的其中一位，雖然媽媽曾帶文夫去過那間壽司店幾次，但每次文夫都看到自己的爸爸被老闆大聲斥責，所以並不怎麼喜歡去那。

在文夫小學二年級的時候，媽媽跟壽司店老闆私奔了。文夫的爸爸在一夕之間失去了妻子，也丟了工作；明明不是爸爸的錯，卻因為這樣，爸爸再也無法待在那條餐飲街工作，最後只好去工地工作，但是因為身體弱不禁風，很快就病倒了。

在爸爸病倒之後，他們父子搬離了車站前的公寓，住進了平房型的公營住宅，而且從那時開始，就有社福人員頻繁進出文夫家中。後來，文夫從周圍人們的口中得知，自己跟爸爸是靠著社會救濟金生活的弱勢族群。而且爸爸不只身體不好，連精神狀況也有點問題，只有偶爾在身心狀況都能負荷的情況下，才會去工地工作，但沒多久身體又被搞垮了。

---

4 指日本的茨城縣、栃木縣及群馬縣一帶。

當初那一家壽司店的老闆娘是一位年長且強勢的女性，就算老公跟其他女人私奔了，她還是繼續聘僱這群師傅（當然沒有讓文夫爸爸繼續待下去），也持續經營著這家壽司店。

老闆娘有三個小孩，從小就是不良少年，長大後也變成了當地的小混混，尤其排行老三的小兒子，因為跟文夫年紀相仿，所以一直到文夫搬離那條街為止，都不斷霸凌他。文夫一邊想著「男人一定要夠堅強才行」，一邊忍受對方的拳打腳踢。

文夫十八歲高中畢業後，爸爸將偷偷存下來的二十萬日圓交給文夫，讓他去東京另謀生路。十八歲已經是能獨立工作的年紀，如果家中有人有工作能力，他們的社會救濟金就會被縮減甚至停發，爸爸已經靠社會救濟金生活超過十年以上，他完全無法想像沒有救濟金的日子該怎麼過，於是文夫就在沒有通報社福人員的情況下，獨自前往東京。

文夫到東京後，考上一間排名墊底的野雞大學。當時文夫認為，如果沒有大學文憑就找不到好工作，所以他先申請了助學貸款，並開始打工支應學雜費與生活費，偶爾才去學校露個臉。

這所大學的學生幾乎是來自於中國、韓國，甚至泰國、越南與印度等亞洲國家的留學生。文夫參加了只收日本學生的網球社團，在社團裡面稍微體驗一下青春的滋味，但自從他在大二那年冬天，因為流感而有一週沒去打工後，一夕之間，很多事情開始崩壞了。

首先，文夫完全沒有半點積蓄，又因打工請假的關係，付不出每個月五萬日圓的房租，也付不出生活費及學雜費。無計可施之下，他只好去車站旁申辦有預借現金功能的小額貸款，但是這筆貸款的年利率高達一三%，等到下個月的繳款日，文夫已經無法僅靠在居酒屋及速食店的打工收入，支付所有生活所需費用。

文夫不得已輟學，開始從事網路上宣稱能擁有高收入的路邊拉客工作，也是在這裡認識了良平。這家路邊拉客的公司，並沒有販售特定商品，只有進到辦公室之後，才知道當天要招攬的目標客群是誰，例如，今天的目標是二十歲到三十歲的女性，或是今天的目標是高齡者等。接著，只要將符合條件的客人帶到指定大樓或地點，交給後續接待的人，每帶一個人過去，就能獲得一萬日圓的報酬，如果帶去的客人有順利消費或簽約，還會依照簽約內容，加發三萬或五萬日圓的分紅獎金。

「公司真的會按照約定來結算分紅獎金嗎？只要公司耍賴說『客人沒有簽約』，那我們不是也無法確認嗎？」良平總會這樣跟文夫抱怨。或許是因為良平個子嬌小，又有一張圓潤討喜的臉蛋、不容易讓人有壓力，所以良平的拉客成績出乎意料的好，但無論良平帶了多少人，也從沒拿過分紅獎金。

「我們把人帶去之後，公司應該會好好處理啦！」文夫安慰著良平。

由於只要招攬一名客人，就能領到一萬日圓，如果每十分鐘能成功拉到一名顧客，換算成時薪將會高達六萬日圓，但是這種事從來沒發生過。只有一次，文夫在一個小時內，成功招攬到三名客人，當時他感覺自己走路都有風，但大多數的時候，文夫的業績不好也不壞。

「比起擔心有沒有成功簽約，你不覺得每天依照不同的委託內容、尋找不同的目標客群，這種做法很沒效率嗎？畢竟面對高齡者或年輕女性，招攬的技巧與話術都不同啊！為什麼不分別由專人負責，一條龍從接待到完成簽約，這樣整體的專業性不是比較高嗎？」文夫分析著。

「真不愧是文哥，說得真有道理！」從那時開始，良平就特別擅長奉承。

「或者如果哪個委託我們事務所的公司，可以長期僱用我們就好了。那些會委託我們攬客的公司，好像都是販售藝術品、畫作或美容商品之類的？」

「你說得沒錯。」良平漫不經心的回答，因為他已經鎖定一名二十幾歲的女性並朝她走去，對方有著一頭接近金色的褐色秀髮，圍著一條粉色披肩，並推著一個小尺寸行李箱。文夫看著良平緊盯獵物的背影心想：「良平這一次也會狩獵成功吧！」

辭掉路邊拉客的工作後，文夫一直從事銷售員或推銷商品的工作，例如不動產仲介、兜售百科全書或英語教材、美容用品等。僱用他的公司中，有一些是從事正當商業行為的，也有一些遊走在灰色地帶的，但因為文夫沒有漂亮的學歷，只能用推銷員的身分進入企業，所以他也沒有想這麼多。

文夫納悶的是，不管他兜售什麼樣的商品，大至套房、進口車，小至讓人學會說英文的教材等，都沒有人願意跟他購買。但只要有錢，這些東西文夫每一樣都想要，很多人明明有錢，卻不願意買這些東西。

但是這一切，在文夫被大學學長推薦「外匯交易」課程教材時，有了全新的想法。學長跟他說，透過教材可以學習投資相關的知識；也能藉由銷售教材，獲得簽約金的分紅獎勵，是個一石二鳥的好方法，加上文夫最近對外匯投資與比特幣非常感興趣，正想透過網路自學，在學習相關知識後，說不定自己未來可以靠著相關工作生活。

但畢竟才剛起步，文夫目前還沒辦法單靠販售教材的收入來維持生活，於是又回到居酒屋打工。

§　§　§

「去當冷氣工好像不錯。」

文夫心不在焉的聽著良平與小高的對話，「欸？冷氣？是賣冷氣嗎？」

「不是賣！是去裝修。聽說這工作很不錯，只靠春天到夏天這短短幾個月，就能賺到不少，而且每年只有旺季幾個月要工作，其他時間都可以爽爽玩。」

「很不錯耶！聽起來比在歌舞伎町工作還單純呢！」

「但是冷氣很重、工作環境又熱，還很吃體力！」

「啊？原來是那種粗重的工作啊？」

「對啊！所以我也沒打算要去，只是隨口說說而已。」

「文哥，你為什麼不去開一間公司呢？」小高非常突然的開口問。

「為什麼？」

「開公司可以借錢啊！我們用個人名義去貸款，利息都要一五%左右，但是如果以公司的名義向銀行借營運週轉金，利息只要三%，而且條件談得好，甚至可能只要一%。」

「但開公司要幹麼？要拿來做什麼事業？」文夫疑惑。

「隨便做個跟網路有關的 App 怎麼樣？文哥頭腦這麼靈光，就靠你來想了。」

「但這樣不會違法嗎？開一家空殼公司什麼的。」

「不知道耶！只要有按時還錢，應該沒關係吧？」雖然小高的話沒有可信度，但文夫還是有點心動。

§　§　§

「再多用功一點好嗎？只要再多努力一點點就好。我很明白佐藤的實力，只要再多付出一點，就能追上我們了，再堅持一下下吧？」文夫認真看著佐藤，這個名叫佐藤的男大學生，抬眼看了一下文夫，微微點了點頭。

「那我們來檢討一下，找出你這次操作的問題在哪才能改善。你是在這個價位買進、在這個價位賣出，對吧？」文夫指著平板電腦上美元兌日圓的走勢圖，「你為什麼在這個價位買進？」

「因為價格變便宜了……。」佐藤用幾乎快要聽不見的音量回答。

「這個想法基本上沒錯，但也要抓準買進的價位與時機，才能讓時間成為我們的助力。我之前說過，理由很重要！當你要投資或是進出場時，都要有足夠的理由對吧？你這次交易的理由是什麼？有按照我教你的方式，在本子上寫出十個理由嗎？」

「有，但沒辦法寫滿十個。」

「拿來給我看看。」

佐藤交出行事曆，只見頁面上有淺淺的字跡，不仔細看幾乎看不到上面有字：

價格下降。

價格來到一百零九日圓。

比昨天還低〇．二三日圓。
明天要打工。

「美元兌日圓來到一百零九日圓，是日圓升值，不是價格下跌。而且你前面這三點根本就是同一點吧？算了，你最後一點寫『明天要打工』是什麼意思？」

「因為明天要打工，沒時間下單，於是決定今天買。」

「不是叫你寫這種理由啦！」文夫努力不讓煩躁的情緒顯露在臉上，他不斷告訴自己，佐藤開始接觸外匯交易還不到一個月。「決定交易的理由是你看到了什麼新聞或趨勢，才不是什麼明天要不要打工！假如明天美國聯邦儲備銀行（Federal Reserve Bank）決定升息或降息之類的，才是我們應該要記錄下來的。算了算了……那你為什麼又會在這個價位賣出？」文夫指向平板電腦上、佐藤賣出的時間點。

「因為已經賠了三萬日圓。」真是相當好懂的理由。

「原來是這樣……這種想法也沒錯，有時候為了避免後續虧損擴大，先停損、認賠殺出，也是一種交易策略。但你有認真思考過為什麼停在這裡嗎？」

「有……我也寫下來了。」佐藤指著行事曆的下一頁，上面寫著「直覺」兩個字，字跡依舊很淺。

「直覺？原來是直覺！靠直覺來判斷也不是不行，只是……。」文夫一個頭兩個大，明明每次都一再提醒佐藤，要他根據理論、用邏輯判斷什麼時候該買、該賣，但他看起來還是完全狀況外。是不是要狠狠臭罵他一頓，他才會記住？

文夫當初買下外匯交易的課程教材後，便思考著要推銷給誰，才能從販售教材的過程中獲得獎金分紅。他先約了一位大學的朋友在咖啡廳見面，但對方以「很抱歉，我現在身上沒錢」的藉口脫身，不過相反的，對方把佐藤介紹給文夫。也要感謝佐藤單純的性格，不但真的赴約，還當場談成交易，可惜佐藤的性格實在太單純、交易績效又太差，沒辦法為文夫帶來其他客源。

這套課程教材的文宣說明中，特別表示只要購買這套價值四十二萬日圓的課程，就會提供詳細指導教學與售後服務，實際上，這個售後服務只是為了讓購買及推廣課程的人，有機會再把教材賣給別人；藉由重複這樣的過程，讓購買教材的人跟介紹人都能從中賺到分紅獎勵。

例如，文夫因為介紹佐藤購買教材，可以從中獲得八萬日圓的分紅獎金；而之前介紹文夫購買教材的大學學長，也會因為文夫推銷成功，拿到四萬日圓的分紅；而介紹大學學長買課程的人被稱為「老師」，他同樣可以從這筆交易當中，拿取兩萬日圓的分紅；在「老師」們的上一層，這類人被稱做「教練」，則可以分得一萬日圓。

今天，坐在文夫與佐藤的座位隔壁的柳原就是「教練」，他同時也是管理東京北部地區「老師」們的指導者，有時也會為了指導文夫或文夫的學長等人而到公司一趟。

文夫想到，之前公司有講過，對於程度比較低的成員，有時需要嚴厲指導；雖然公司規定要以笑臉面對任何人，但為了指導成效，偶爾發一次脾氣也無妨。

「佐藤！你真的有認真思考嗎？這是你認真思考後所做出來的判斷嗎？如果你不肯好好用功、努力，那永遠都不會有開始好轉的一天！」正當文夫深吸一口氣，打算說出這一大串嚴厲指責時，只見柳原開口：「水野，打擾一下。」

柳原是這套體系中的傳奇人物，據說他去年推廣投資交易課程教材的業績為全球第二。他今天的打扮相當休閒，穿著淺藍色的夏威夷衫、短褲還有沙灘涼鞋，這種休閒風格的穿搭，跟他蓬鬆的褐色髮型十分搭配。

「佐藤，你差不多要開始找工作了對吧？」柳原問道。

佐藤抬起頭來，微微點頭，露出一副「你想要說什麼？」的表情。坐在一旁的文夫，也很驚訝柳原突然插進他們的對話中。

「怎麼樣？差不多決定好方向了嗎？」柳原接著問。

「現在的求職環境是買方市場，如果能找到願意用我的公司就好了……。」文夫察覺到自己正板著一張臭臉看佐藤，連忙換上稍稍溫柔的表情。佐藤跟自己一樣是讀野雞大學，差別是佐藤有鄉下的雙親可以依靠，只要他能混到大學畢業，就能獲得一份正常的好工作，人生真是不公平。

「原來如此，真是懷念。」柳原微微一笑後接著說：「我也是在畢業前夕，正決定要去哪工作時，遇到現在這份推廣課程教材的工作。」

「是這樣嗎？」佐藤露出一點感興趣的表情。

「沒錯！而且我原本要報到的那家公司規模蠻大的，你們知道是哪一家嗎？」

文夫跟佐藤兩人一起搖了搖頭。

「是瑞可——。」

「天啊！」柳原還沒說完公司名字，就被另外兩個人的驚訝聲蓋過，只能苦笑以對，「小聲一點，你們也太誇張了，有必要這麼大聲嗎？」

「但是，瑞可利不是那間很厲害的公司嗎？」

柳原點點頭，擺出一副「沒什麼了不起啦」的神情，喝了一口冰咖啡後開始說：「我爸媽聽到之後非常開心，我也有一種自己是人生勝利組的優越感。但是同一時間，我遇到了現在這份工作，我左思右想、掙扎許久，最後決定要來這裡上班。我當初常想，選擇哪一個才會改變我的人生？但我真的很慶幸自己當初選擇了這裡。

「以跟我同期出社會的人來說，如果進入大公司，現在的月收入大概三十萬日圓左右；如果是一般中小型企業，大概是十八萬日圓左右。但我現在的月收入，已經是他們的四到五倍，而且就算什麼事都不做，每個月的獎金分紅也是源源不絕。我不禁想為自己鼓掌，慶幸自己做出正確的決定，並感謝當時的自己。光看我每天的穿著，外界大概永遠都猜不到我賺了這麼多錢吧？」柳原有點不好意思的指了指自己。

「我爸媽非常喜歡夏威夷，我從小每年都會去那邊旅行，所以『夏威夷風』是我夢想中的生活。但這個夢想已經變成我的日常，無論是現在或明天，我能想去就去，當我以前的同學或朋友，都還穿著西裝努力工作賺錢時，我人已經在夏威夷了。但這也不能怪他們，這是他們當初做的決定，我相信也是他們當時唯一的選擇。」

「原來柳原先生的收入竟然這麼高！真讓人羨慕。」文夫忍不住說出肺腑之言。

「哪有什麼好羨慕的，我才要羨慕你們呢！像佐藤，還沒開始找工作，就先遇到這份課程教材的推廣，完全不用浪費時間猶豫。不像我，當初還迷惘了好一陣子。」在柳原說話的過程中，可以發現佐藤的表情與眼神，漸漸產生了變化。

他接著用邀請的口吻對佐藤說：「如果你還想再多做什麼，我推薦你加入『電子報專屬會員』。每個月只要花三萬日圓，每天早上八點半跟下午三點，都會收到當天的外匯交易資訊。接著只要跟著做就好，就算什麼都不懂，也沒關係。」佐藤聽完，當場就簽下電子報專屬會員的入會合約，並充滿笑容的說：「我會繼續努力的！」便離開了。

「非常感謝柳原先生！」多虧柳原讓佐藤簽下電子報專屬會員的入會合約，文夫才能獲得一些分紅獎金。此時，柳原已經拿出手機滑了起來。

「柳原先生剛剛說的是真的嗎？」

「什麼意思？」

「就是你拿到瑞可利的錄取通知，結果卻放棄了。」

「你覺得是假的嗎？」

「不、不是……。」文夫只是想找話題聊下去，並不是認為柳原在說謊，但對方冰冷的回答，讓文夫慌張了起來。

柳原自顧自的滑著手機，接著沉默了一段時間，才指了指剛剛佐藤的位子說：「你去坐那裡。」文夫慌忙坐到對面。

想來也對，對面明明空著，兩個大男人卻並排而坐，看起來的確有點詭異。儘管柳原並沒有開口要求，但文夫移到對面後，不自覺的把雙手放在膝蓋上正襟危坐，以恭敬的姿態耐心等候柳原滑完手機。

「水野，我覺得你最好去上一下教練培訓課程。」柳原終於開口，但眼睛還是盯著手機螢幕，「上完培訓課程之後，就能取得一個國際性的資格認證，讓你在我們的組織中脫穎而出。而且，同時具有推廣與人員培訓的專業能力，在我們公司會非常吃香。你要不要考慮買教材去參加檢定？這樣就能爬到更高的位置，這些全部大概只要三十萬日圓。」文夫聽完，不自覺的點了點頭。

柳原的建議不錯，但文夫已經有好一陣子沒在做外匯了，文夫只有在剛購買「外匯交易」課程教材時，曾經在帳戶內放了十萬日圓，並開了二十倍槓桿從事美金外匯交易來小試身手，但是帳戶瞬間蒸發了四萬日圓，文夫當下就覺得自己沒有做外匯投資的才能。與其自己操盤做外匯、賺價差，不如先銷售課程教材、賺取分紅獎金。到時候如果自己真的有能力了，再以當教練為目標也不遲。

§　§　§

文夫的租屋處距離赤羽站步行約十二分鐘，每個月房租四萬五千日圓。這一天晚上八點，文夫打工結束準備回家，他在租屋處的信箱內，看到一張包裹的招領通知，急忙打開後，發現二手交易平臺寄來的。

「太好了！」文夫興奮的小聲歡呼，接著立刻撥打招領通知上的聯絡電話。

「喂。」接起電話的是一名男性，聲音聽起來似乎心情不太好。

「我是住在赤羽北的水野。現在、立刻，把包裹送過來。」

「蛤？」

「水野的包裹，住在赤羽北二丁目那一件。剛剛快遞有來過對吧？我看到通知單才打電話過來，現在馬上送過來，聽懂沒？」

「我們當天的配送服務只到下午六點。如果下午六點之前都有沒來電聯繫，就只能等明天。」

「什麼？我就是看到招領通知單才打電話過來。那裡面可是ＬＶ錢包耶！立刻給我送過來！」

「沒辦法，要明天才能送。」電話那頭無奈的回答。

「明天我有事啊！」

「那請你跟物流中心聯繫。」

「你這傢伙，不會是想偷我的錢包吧！」

電話「咔」的一聲被對方掛斷。文夫整個火上來，重新撥了回去，但這次響了半天也沒人接聽，文夫只好改打物流中心，但對方表示還是要等到明天中午前才能拿到。

雖然很想早點拿到LV長夾，但沒辦法，掛上電話之後，文夫又嘆了一口氣。

隔天早上，文夫被響個不停的門鈴聲吵醒。他穿著T恤與短褲，睡眼惺忪的拖著腳步去開門，抬頭看了一眼時鐘，此時還不到早上十點。

「有包裹喔！」文夫一臉不爽的直接抓起包裹就簽字。

眼前這名男快遞員，年紀看起來跟文夫差不多。這讓文夫想起之前曾看過一篇網路報導，裡面提到：「日本快遞員的基本學歷要求是大學畢業，因為要按照顧客的指定時間送達包裹，這得稍微動點腦筋才能做到，所以大學畢業是最低門檻。」最好是啦！誰知道這篇報導是真的假的？自從文夫看過那篇報導之後，大學輟學的他，再也沒辦法給快遞員好臉色。

但是一打開包裹，快遞員什麼的都被文夫拋到腦後。只見他朝思暮想的LV長夾，正被薄棉紙仔細包裹著，除了錢包本體之外，就連原廠紙袋、原廠外盒，甚至刷卡單等一應俱全。雖然刷卡單的個資被塗黑，但所有附件完好如初，看起來就跟賣家說得一樣，是完全未經使用的新品。

文夫換上外出服，拿著剛收到的長夾以及其他內附的原廠包裝配件，騎著腳踏車到車

第二話　錢包在騙你

站附近，走進一家有收購二手名牌精品的當鋪。

在狹長的店鋪最深處，坐了一位與文夫年紀相仿的年輕男性。「這個能賣多少錢？」文夫把錢包、外盒與紙袋等除了信用卡簽單外的物品，全都推到對方眼前。原本以為對方會仔仔細細鑑定一輪，結果當鋪的人只看了一下拉鍊，就說：「兩萬八千日圓。」

「什麼？太便宜了吧！難道是假的嗎？」

「這是真品沒錯，但上面有客製化的英文名字縮寫，所以只有這個價格。」

「但你只瞄了一眼欸？」

「因為我看習慣啦！」店員有點得意的說。

「我連原廠的外盒跟紙袋都附了，包裝這麼齊全，難道只值這點錢？」文夫心情鬱悶的想著：搞什麼？早知道這樣，當初應該要再多砍一點才對，但能肯定的是，這是真品。

「那最多只能……」當鋪的人又看了一眼錢包與原廠包裝說：「兩萬九千日圓。」

「這樣啊……那我再考慮一下。」文夫邊說邊將皮夾跟配件收回自己的包包裡。

「不然兩萬九千五百日圓？」原本態度冷淡的當鋪店員突然緊追不捨的加價。

「我再考慮看看。」當文夫走出當鋪大門時，看見入口旁也陳列著 LV 的長夾，雖然是不同型號，但大小差不多，甚至還比文夫手上的要更舊一點，不過標價竟然寫七萬九千日圓。「就算收購價格只有兩萬多，但賣的時候，卻標價七萬九千日圓，那我用不到七萬日圓就買下這只長夾，還是很划算！」文夫不禁豁然開朗。

其實文夫並沒有打算要轉賣錢包，只不過是想在二手交易平臺確認完成交易並撥款之前，找個地方鑑定看看是不是真品而已。就當文夫拿出手機，打開二手交易平臺的應用程式，準備按下交易完成的確認鍵之前，他停了下來。

雖然文夫早就把錢包的費用轉到二手交易平臺，但他想到一旦按下確認鍵後，自己的錢就會瞬間飛進對方帳戶，他便決定要撐到最後一刻再按，讓賣家嘗嘗著急的滋味，誰叫他把當鋪收購價不到三萬日圓的商品，放在網路上賣了將近七萬日圓，就把這延後撥款，當成是對對方的懲罰吧！

正當文夫帶著愉悅的心情，準備騎著腳踏車回家時，後面忽然傳來了一聲叫喚：「阿文！」文夫回頭一看，原來是同鄉的朋友野田裕一郎。

「是野田啊……。」

野田是文夫的國中同學，曾經一起待過棒球社，但當時文夫被學長跟同學們霸凌，所以很早就退社了；野田則一直待到畢業，雖然始終沒有成為正式選手。

「好久不見！要不要一起去喝一杯啊？」野田問。

「現在去喝一杯？你今天不用工作嗎？」大概在一年多前的車站前廣場，野田認出了文夫，並主動向他搭話「你是阿文吧？」兩人當下交換了 LINE 的聯繫方式，但僅只於此，之後也沒有更深入的往來。

「工作？拜託今天是星期六耶！」野田笑著說。

在文夫的印象中，野田好像後來就讀了學區內第二志願的高中，並且畢業於東京某一所普通私立大學，出社會後，則是在一家還算不錯的電子機械公司任職，之前曾經聽野田說，他們公司在赤羽附近有員工宿舍。

「對耶！」文夫最近過得亂七八糟，連今天是星期幾也搞不清楚。

「你有事要忙嗎？」野田又問。

「也沒有啦！」

「那陪我去吧！這附近有一家便宜又大碗的居酒屋，我一直想去，但一個人挺不好意思的。我有發 LINE 給你，但你一直沒回我。」文夫拗不過野田的邀請，跟著他穿過門簾，走進一家站著喝的居酒屋，聽野田說，這家店是他之前在網路上發現的。

「在這附近住了兩年多，好像還是第一次在中午就來居酒屋喝酒！」野田嘴脣邊還沾著啤酒的白色泡沫。

「我也是。」文夫雖然知道赤羽附近有很多站著喝或平價居酒屋，但還真的沒有勇氣自己一個人在大白天，就走進聚集一堆醉醺醺老人的店裡。

「阿文，你現在在做什麼工作啊？」不等文夫回答完，野田馬上問了下一個問題。

「這個……。」真是個令人難以啟齒的問題。

野田跟文夫的成長背景幾乎相同，而且直到國一為止，兩個人的成績相差不大。但是，野田有取得大學文憑，畢業之後也在一般公司上班，而且還是那種會提供宿舍給員工、給予員工福利的企業。所以之前文夫遇到野田時，聽到對方現在住在員工宿舍裡，文夫就嫉妒得不得了。如果當時能選擇一條稍微不一樣的路……不！只要朝著正確一點的方向前進就好，或許現在的自己也能擁有跟野田一樣類似的生活。

文夫跟良平他們在一起鬼混時，總想要擺脫這一切；但現在跟野田在一起，心裡卻又有疙瘩。

第二話　錢包在騙你

「不好意思。」文夫有點慌忙的離開座位往廁所走去。

等走進廁所的隔間後，文夫立刻從包包裡拿出剛剛鑑定過的 LV 長夾，接著攤開自己目前使用的人工皮革錢包，把裡面的東西一樣一樣放進新皮夾中。就連原本被兩折式錢包凹出痕跡的鈔票，文夫都拿出來整張攤平，再仔細放進長夾的鈔票隔層。

「不好意思久等了。其實……」從廁所回到座位上，文夫才草草接續剛剛的話題，「我現在正在創業。」

「欸！」野田露出驚訝的反應。

「我決定要跟朋友們一起開公司。」

「超厲害！打算做什麼？」

「製作手機應用程式。做一點有開創性的……。」文夫剛好看見居酒屋的牆面上，貼了一張旅行社的廣告單：夏威夷七天六夜，八萬九千日圓起。「跟旅遊業相關的系統。」

「真厲害！」野田讚嘆。

只見文夫從包包裡拿出 LV 長夾說：「我等一下跟朋友還有約，我先走嘍？」

「抱歉啊，勉強把你拖過來……阿文！你的錢包是名牌貨耶！」野田瞪大眼睛，「這很貴吧？」

文夫沒有正面回答，只是笑著說：「這一攤我請吧！」

「不用啦！我們各付各的就好。」野田不好意思回應。

「沒關係啦！我開公司有錢！」老實說，文夫自己也不知道在創辦公司時，手邊究竟還會不會有錢。他離開座位去結帳，聽到野田在身後說：「不好意思，讓你請客欸……。」

文夫只是覺得，對方注意到了這只 LV 長夾，所以自己買下它真是值得。

§　§　§

「我們到底要在這裡等到什麼時候啊？」

「文哥你小聲一點，這邊晚上的回音特別大！」此刻，文夫和良平兩個人，正蹲在神社裡的黑暗角落潛伏著。

後來，小高這個月要付的八萬日圓，是靠良平用預借現金方式借來的。有可能是這筆金額已經超過小高能借到的上限，也有可能是小高抱怨著不想再借新還舊，總之，最後是用良平的名義來借。

他們商量之後，決定先依對方的指示，把八萬日圓放在神社本殿門廊下方的手提包內，然後躲在附近，看看究竟是誰拿走這筆錢，等摸清對方底細後，再來思考下次要如何處理。

「啊！我快受不了了！」文夫拍著自己的腳。

「噓！」良平狠瞪著文夫。

「有很多蚊子欸！」

「那是因為文哥喝了酒、體溫變高，所以才吸引這些蚊子。」

原本文夫以為要在這裡待上一整夜，就先在便利商店買了Strong Zero罐裝調酒跟煙燻魷魚，還一起買了良平的份。但死腦筋的良平說什麼都不肯喝，所以文夫就一個人喝掉兩瓶調酒，以至於現在腦袋有點模糊，不知道是不是有點醉了。因為其他地方監視不到手提包，所以他們只好躲進附近的樹叢裡。

「至少讓我打蚊子吧！」文夫哀求。

「但是這樣會發出聲音。」

「話說，小高人呢？」

「聽說他今天感冒了。」

文夫不吭一聲的生悶氣。可能是察覺到文夫的不爽，良平又補充了幾句像是藉口的理由：「小高最近咳得很嚴重，前幾天他不是也說自己喉嚨痛？」

文夫心想，這明明是小高自己的事，卻讓朋友在外面熬夜，到底是什麼意思。

時間進入午夜，約在一個小時前，兩人還去確認過八萬日圓仍在原處。

「真是的，小高怎麼會去這麼危險的地方借錢？」文夫抱怨著，良平默不作聲。

文夫在黑暗中繼續張大雙眼觀察四周，整個神社，只有門廊附近隱約有一點光線。

雖然文夫跟良平藏身的地方，沒有辦法直接看見手提包，但是如果有人走動，還是可以察覺。此時，文夫的手機發出小小一聲「嗶」，他點開手機，看見ＬＶ長夾的賣家再次傳來訊息：「很抱歉多次來訊，請問您已經順利收到商品了嗎？如果確認商品無誤，還請給予取貨評價，麻煩您了！」從幾天前開始，他就一直收到賣家發來的訊息，但文夫全都已讀不回。

「小高是個可憐人。」良平自顧自的說了起來，「只因為長著一張漂亮的臉，所以做什麼都不順利。」

「等等，你說反了吧？長得好看應該是加分項目，做什麼都無往不利才對吧？我記得他在男公關俱樂部的業績也蠻不錯。」文夫說。

「該怎麼說呢？小高就是那種事與願違的人。就算男公關俱樂部業績不錯，最後也還是欠了一屁股債，甚至交到一些怪朋友。」良平回想著。

「話還能這樣說啊？」文夫漫不經心的回應著良平，一邊想著 LV 錢包賣家的事。那個賣家應該很焦急的想要快點拿到貨款吧？畢竟連用都沒用過，就把全新且燙印著自己英文名字縮寫的名牌包拿出來賣，肯定也是走投無路。一想到自己正掌握著某個陌生人的心情及一點點的命運，莫名有種爽快感。

這時，有一塊白色影子飄進神社裡，兩人停止對話並互看一眼。

那是一名女性，身穿白色連身洋裝且有一頭長髮，雖然距離有點遠，但是對方看起來瘦瘦的、大約二十幾歲。只見她非常慎重的用水淨手，接著開始參拜。文夫想，她究竟在祈求什麼事？儘管看不清楚對方的長相，但文夫總覺得是個相當漂亮的女性，舉手投足都很美。

她兩手合十的站在賽錢箱[5]前，一動也不動。

過了二十分鐘，整個氣氛開始有點陰森詭異。文夫與良平兩人對看幾眼，不禁想人類有可能像這樣一動也不動嗎？三十分鐘過後，兩個人開始擔憂了起來。

「不會是死掉了吧？」文夫擔心的問。

「欸？」

「應該不可能就這樣死掉吧？」文夫對良平說。此時的他們，已經管不了聲音會不會被聽到了。

「不可能吧，她還站著不是嗎？」良平的聲音聽起來有點顫抖。

「不會有人拍手拍完就站著死掉吧？」

「我怎麼知道……。」

「良平你 Google 一下，查查看站著死掉之類的關鍵字。」

「我才不要，手機一發光，別人就知道我們在這裡了。」

那個女人站在原地，已經超過四十分鐘了，文夫漸漸無法忍受，對著良平說：「我要走了。」

良平拉住文夫的手，「文哥別這樣，別丟下我一個人。」

「那個女人一直站在那裡，應該也沒有其他人可以過去拿錢，今天晚上看起來是沒戲唱了。」

「可是……。」良平緊咬著嘴脣。文夫看良平無法表達出任何反駁之意，心想良平應該跟自己一樣，覺得那個女人很毛骨悚然吧？

「下個月再來吧！反正每個月都有機會。」文夫繼續說。

「但是……。」

「不然，我們乾脆先離開一個小時，去吃點東西再回來。如果到時候八萬日圓還在原地的話，我們就繼續監視。」良平猶豫了一下，同意了文夫的建議。

兩個人悄悄站起身，打算低調的離開神社。他們總覺得，萬一被那個女人發現，好像會發生什麼不好的事；而且人家只是很認真的在祈禱，為了警告對方不要多事而跑去威脅她，好像也不太好。於是他們小聲走著，打算從那名女性的後方穿過。

5 神社參拜時，投入香油錢的地方。

正當兩個人打算安靜的從那名女性身後經過時，不經意看到了她的側臉——她在笑。

為什麼那個女人要一邊笑、一邊雙手合十站在那邊？

文夫無聲慘叫，向神社外面拔腿狂奔，良平也在慢了一拍之後，一邊喊叫著「文哥！等等我啊！文哥」，一邊追了上去，文夫完全無視良平的叫喊聲，頭也不回的往前奔跑。

§　§　§

「要不要再一起去喝一杯？」神社事件約過了兩週之後，文夫收到野田的LINE訊息。

那天，文夫與良平從神社逃走之後，就不知不覺的走散了，後來也沒有特別聯繫對方，只有某次文夫在推銷投資交易的課程教材時，良平曾打電話來，但文夫當下不方便接、事後也沒有主動回電，於是就這麼斷了音訊，再也沒見過面。

文夫心想，說不定良平他們生氣了，畢竟自己從現場逃跑是挺讓人傻眼，文夫也沒有勇氣聯絡他們、確認對方有沒有在生氣。這兩週的音訊斷絕，對文夫來說彷彿是永恆的告別，畢竟文夫身邊也沒有其他朋友了。

文夫看著野田傳來的訊息，回想起之前在赤羽那間平價居酒屋與野田見面時的尷尬感，心中難免有疙瘩；可是人終究是群居的動物，此時的文夫無論如何都想找個人聊聊，於是就下意識回傳了「好喔！」的訊息。

訊息送出沒多久，文夫立刻接到野田的電話，「我有點事情想請教你，聽說阿文有在教人外匯交易？」野田問。

由於太過突然，文夫一時之間說不出話來。他心想，這真是荒謬啊！曾經有一段時間，自己為了推銷教材，幾乎找遍所有可以聯繫上的朋友，千方百計的套交情，「最近在忙什麼？」、「有沒有空見個面啊？」再設法把話題帶到教材上。但是現在立場卻互換了，當自己感覺被整個世界遺棄、想找人聊聊時，對方看似主動聯繫關心，目的卻是想討論投資的話題，真是讓人哭笑不得，有一種被利用的感覺。

文夫腦海中，突然浮現出柳原夏威夷衫上的花俏樣式。「外匯交易？算是略懂啦！」文夫壓抑著難以言喻的心情回答野田。他心想，如果連送上門的成交機會都沒辦法好好把握，那自己就真的是個沒用的傢伙了。

文夫跟野田都住在赤羽區附近，所以之前文夫從來沒有想過要推銷投資交易的課程教材給對方。畢竟在同一個生活圈，有不少碰面的機會，無論最後有沒有成交，再見面時多少會有點尷尬跟難為情。

「好像是投資交易的課程或教材之類的吧？我曾聽堺屋提起過。」堺屋是文夫跟野田共同認識的朋友，住在品川區。文夫心想，真不愧都是棒球社的，消息這麼靈通，自己不過是跟堺屋在目黑的塔利咖啡（Tully's Coffee）碰過一次面，野田竟然就已經得知消息了。

還記得當時文夫才剛準備向堺屋推薦教材，對方馬上不客氣的回絕：「我對那種東西沒興趣。」並背起吉田公司出品的高級黑色公事包離開，臨走之前甚至說：「我說文夫啊，你還是去找一份正經一點的工作比較好。」

如果野田是從堺屋那邊得來消息，應該都是一些負面評價吧！例如，「你還記得那個在一年級時，短暫加入棒球社的水野文夫嗎？那傢伙，最近好像在兜售一些奇怪的投資交易情報還是課程什麼的，要小心他找上你喔！」文夫一邊幻想，一邊想像著同學們可憐自己與嘲笑自己的畫面。

「我對外匯交易也有點興趣，你可以教我嗎？」野田說。

「你確定？」文夫不可置信的又確認了一次。此時的文夫，對於突然降臨的機會感到困惑，但是他想，如果現在退縮了，等於是承認自己的失敗、承認自己永遠都無法像柳原一樣。之後發展如果不如預期，頂多搬離赤羽區，到時就用從野田這邊賺來的八萬日圓獎金，當成是自己的搬家費。

「對啊！那我們就約在上次那家店吧！」野田聽起來相當積極。

文夫聽到野田說要再去上次那家站著喝的平價居酒屋，一瞬間覺得應該要找一個能坐下來好好說話的地方比較適合，畢竟在站著喝的居酒屋，對方隨時都能反悔脫身，但文夫又覺得野田這麼積極詢問，拿下這單交易只是早晚的問題，於是就同意了。

「那我們約明天晚上七點如何？」文夫進一步向野田確認時間。

「欸？明天週六，難道不能約中午嗎？」

「明天下午我有點事……可能不行。」

「你連週六都這麼忙啊？真是辛苦，那就約晚上吧！」文夫結束通話後，癱倒在床上，他感嘆：終於能完成第二筆交易了。但心中還是不免忐忑，真的有這麼容易嗎？實際上文夫最近發生的好事，不只這些。

自從文夫沒跟良平他們見面之後，跟柳原碰面的機會竟然開始變多，在神社事件的第二天，柳原傳訊息說：「帶你來見識一下，什麼叫做臨門一腳推銷術，快點過來吧！」文夫依照柳原指示抵達一家位在新宿的咖啡館，只見柳原前方坐了兩名大學生。

剛開始還在遲疑是否購買課程的兩個人，在聽完柳原慣用的話術：「自己推掉原本錄取的公司，現在能隨心所欲去夏威夷旅行」後，眼神開始閃閃發亮，充滿期待的簽下購買合約。文夫目睹這一切，忍不住在大學生離開後，佩服的說：「這也太厲害了吧！」柳原「嗯」了一聲，點點頭道：「在新宿這種高級地段，像這樣一杯要價一千日圓以上的高價咖啡廳，就是為了洽談商業交易而生的，你說是吧？」

「是這樣嗎？」文夫不解的問。

「你看看周圍的人。」

文夫看著假日午後的高級咖啡廳內座無虛席，有穿著華麗的貴婦客人，正開心的談天說笑；也有整群的大媽跟大嬸，正在七嘴八舌的八卦閒聊；其中確實有幾桌的人把資料攤開放在桌面上，向對面的客人進行各種推銷及介紹。

「如果在目黑區或中目黑區，是可以約在星巴克談；但是在新宿，就一定要在這種高級咖啡廳才行！」

「為什麼？」文夫又問。

「誰知道？大概是一種氣氛吧？」柳原也無法確切的解釋原因。

文夫拿出手機，把柳原的話一一記下來。

「下次如果再出現有機會成交的對象，我就轉手讓水野來試試看吧！當然，我會在一旁幫你的。」柳原接著說。

「可以嗎？」

「嗯。」

「為什麼柳原先生願意這樣幫我？」文夫不可置信的問。

「因為……我最近被本部長提醒，說我不應該當獨行俠，應該要好好培養後進、訓練人才。」

「原來如此。」想到像柳原這種傳奇人物，竟然會選上平凡的自己，文夫的喜悅之情不禁油然而生。

「但是相對的，」柳原稍微停頓了一下，「如果你因為我的介紹，成功與客人完成交易，分紅獎金要分我一半。」文夫猶豫了幾秒，因為他不知道這種方式可不可以，「好的。」文夫最終還是答應了。

所以當野田提出想約星期六下午時，文夫實際上已經安排要去見柳原所介紹的客人，因此只好約晚上見面。文夫盤算，先拿下下午這一筆合約，晚上再跟野田好好喝一杯，在沒有後顧之憂的心情下，跟國中同學聚會也不錯，如果還能再多成交一筆，就更完美了。

文夫決定今天晚上要早點睡，便關掉床邊的燈。

§ § §

居酒屋裡，野田一出手就點了最貴的生魚片套餐，及最貴的清酒「獺祭」。

「我喝 Highball 就好，再加一份薯條。」文夫開口點餐。

「欸？阿文也喝一點高級的酒吧！」被野田這樣一說，文夫遲疑了幾秒，也跟著點了一杯獺祭。他想起自己包包裡的 LV 長夾內，還有三十八萬日圓的現金。那是今天下午跟柳原所介紹的客人碰面、談成合約後所收取的簽約金。文夫當場就從四十二萬日圓的簽約金當中，拿出講好的四萬日圓給柳原，剩下的款項與合約則由文夫保管，日後再找時間帶回公司繳給相關承辦人員。

「阿文儘管喝、盡量點！今天我請客！」野田看起來比剛剛拿到合約的文夫還要興奮。

「你發生了什麼值得慶祝的事嗎？」文夫不解的問。

只見野田拍了拍文夫的背說：「應該是正要發生才對吧！我請阿文教我怎麼投資外匯，你靠著推銷課程再賺一筆！」文夫聽到嚇了一跳，難道野田知道這套課程的推廣系統怎麼運作嗎？

「也沒有你想像的這麼好賺。」文夫不自覺的小聲反駁。

「沒關係、沒關係！我是真的想要學一些這方面的知識。」

「那我就初步說明一下。我們這一套系統，不是單純只販售『外匯交易』的教材而已，還包括至今累積的所有交易與操作技巧，都會完整傳授給會員。接下來我要舉的例子是商業機密，你聽聽就好，不要說出去。

「在美國有一個叫做約翰．雷（John Ray）的人，他是外匯交易的傳奇人物，在接觸外匯交易的初期，就曾創下一個月獲利十三億五千萬日圓的驚人績效。這個人的故事說來話長，總之，他小時候非常窮困、住在類似貧民窟的地方。他的爸爸跟幾個兄弟，都在他年輕時就因吸毒過量而死，只剩下他跟媽媽兩個人相依為命。他非常擅長打籃球，所以藉此獲得學校的獎學金，並完成了MBA的學業。

「畢業之後，他先是自己開了公司，卻因為雷曼兄弟引發的金融風暴而倒閉；後來，他靠著外匯交易賺進上百億的財富，才終於從谷底翻身。因為他經歷過失敗，知道底層民眾的痛苦，所以他抱持著『不能只有我過得好，要讓大家都能過上富足生活』的信念，創辦了這套外匯投資交易系統。這套系統，全日本就只有我們公司獲得獨家代理，也就是說他腦中的精華，全部都在裡面。」

文夫指了指野田的太陽穴繼續說：「加入這套系統的會員之後，就好像是把他的所有投資技巧都放進自己的腦袋，我們不只提供即時的交易情報給會員，還會定期用電子報的方式，寄送約翰・雷的最新建議……。」

「好了好了，我知道了。」野田邊笑邊打斷文夫，「聽你說感覺好像很厲害，那我就來試試看吧！」

第二話　錢包在騙你

文夫有點訝異，沒想到這一切竟然這麼容易，「我說，我要和你簽約。」野田豪爽的說。

「真的嗎？這套教材要四十二萬日圓喔！」文夫再次確認。

「沒關係啦！之前公司發的獎金我都還沒動過。」

文夫想，既然野田待的公司每年都會發獎金給員工，那只要等到年底，野田應該又會領到一筆新的獎金，這稍微沖淡了販售教材給老朋友的罪惡感。

「既然你都這麼說了！這套教材原價要四十二萬日圓，但看在你是老朋友的分上，算你三十九萬日圓就好。」文夫心想，反正成交之後會有八萬日圓的分紅，這三萬日圓當作是給野田的優惠，如此還是能賺進五萬日圓，於是便大方開口。

「那就拜託你嘍！」野田伸出手，文夫也馬上緊緊回握。

「那我們等一下換一家安靜一點的店，我請客，我們就直接在那邊簽約吧！」文夫記得柳原曾說過：「身上隨時都要帶著合約與印泥。這樣無論是在咖啡館、俱樂部，甚至是搭飛機時，都能當下完成合約。如果手邊沒有合約，日後再聯繫對方簽約時，大多數人都會反悔。」

「好好好，我們等一下就簽約。」

「再麻煩你了。」文夫滿懷感謝的說。

「我先去一下洗手間。」野田起身離座。就在野田離開的空檔，文夫傳 LINE 給柳原：「我現在正跟朋友碰面，剛談成了新合約。」文夫馬上收到了柳原的回覆：「一天成交兩件，真厲害。選擇跟水野合作果然是對的！水野運氣旺旺旺。」就在同一時間，文夫也收到二手交易平臺所傳來的訊息通知：「請在收到商品並確認無誤之後，點選取貨評價並完成交易。如果仍不予理會，我只能反應給二手交易平臺的管理中心了！」文夫看到賣家傳來彷彿要滲出血的哀求訊息後，開始覺得對方有點可憐。

一旦自己過得比較順利，心情上就能稍微體諒別人，「延遲付款的遊戲，我已經玩得十分盡興了。」文夫充滿優越感與自信，在手機上按下取貨評價。

野田回來之後，換文夫去洗手間。

當文夫從洗手間出來時，發現野田不在座位上，而野田原本放在腳邊的後背包也不在原處。生魚片跟清酒都還在桌上，但有一部分的生魚片已經開始變乾。文夫心想，野田可能是去外面講電話吧！於是自己一個人挑出還沒乾掉的生魚片配著酒喝，雖然冰鎮過的清酒已經回溫，但獺祭就是順口。

又過了一會，文夫開口詢問在整理隔壁桌的菲律賓籍女店員：「妳知道剛剛在這裡的人去哪裡了嗎？」女店員搖搖頭表示不知道。接著，文夫拿出手機傳LINE給野田：「你人在哪？已經回去了嗎？」但是對方一直未讀。

是在自己去廁所的時候，野田忽然改變心意、決定逃走？還是中間發生了什麼事情？文夫「嘖」了一聲，心想果然還是要當場立刻簽約才對。文夫不再等野田，舉手招呼店員說：「大姊，結帳！」

此時，文夫一瞬間嚇到臉色發白，因為他放在包包裡的LV長夾，連同從客人手中收到的三十八萬日圓簽約金，全都一起消失了。

§　§　§

「文夫你這傢伙在搞什麼？還不快點把室外機搬過來！」就算被斥責了，文夫也辦法回話。畢竟今天是第三次在狹窄的公寓樓梯上，一個人扛著沉重的室外機往樓上爬。早上的氣象報告說，今天的平均氣溫恐將會超過三十五度；現在是下午兩點、天氣正熱的時候，氣溫應該有四十幾度吧。

自從錢包被野田偷走後，文夫把打工跟兜售投資交易課程的工作都辭掉了，目前正以學徒的身分，在一家專門安裝冷氣的公司上班。

之所以選擇這份工作，是因為文夫在網路上搜尋職缺時，看到有很多冷氣安裝師不需要相關經驗，有些甚至還註記「無經驗可」。這家位在八王子的冷氣公司，他們社長平日有寫部落格的習慣，裡頭分享了許多工作內容，還說能幫助員工們取得「第二種電器工事士」與「電器工事施工管理技士」等相關證照，文夫才決定試試看。

「為什麼想要做這份工作？」文夫面試時，這家公司的社長也在，他直接提問。原本文夫想要回答「因為這份工作有發展性……」，但最後還是坦承：「因為看起來好像能賺到不少錢。」文夫已經厭倦說謊了。

「你有這麼缺錢嗎？」社長繼續追問。文夫覺得，與其辛苦的隱瞞實情，不如老實告訴對方，於是就將自己的負債狀況，與錢包被朋友偷走的過程全盤托出。

社長聽完之後對文夫說：「老實講，我們這行沒有辦法一進來就立刻賺大錢。從學徒開始做起，按日計酬，一天大概也就一萬日圓左右；等成為正職後，剛開始的起薪，每個月大概是二十萬日圓，跟一般的大學畢業生差不多；但是如果能做個十年以上，年收入大概會有七百萬日圓左右。往後如果可以自己出來獨立接案，那每一季的淨利，更可能達到幾百萬日圓。但絕對無法一夜致富。」

文夫聽完猶豫了一下，喃喃自語的接著說：「我、我想要有一技之長……。」聽到自己的回答，文夫才發現，自己之所以選擇這項工作，並不是因為看起來很賺錢，而是因為想要擁有一項能讓自己有自信的專業能力。

社長認真看著文夫的臉，過了一會說「我知道了」，隨後錄取了文夫。

文夫曾經是個看什麼都不順眼的人，總夢想能一夜致富、變成有錢人，但是最後欺騙了朋友、也被朋友欺騙，甚至連負債都變多了。

除了被野田偷走的三十八萬日圓以外，連預先結算給柳原的四萬日圓介紹傭金也得自掏腰包。唯一值得慶幸的是，幸好當初還沒簽下教練培訓課程合約，不然又會多出三十萬日圓的負債。

文夫只能再次動用預借現金，先把四十二萬日圓的缺口補上，日後再想辦法慢慢攤還，畢竟自己還是學徒，每個月的收入也不到二十萬日圓。

文夫回想起這一切，在大熱天裡，肩膀上扛著異常沉重的室外機爬樓梯，走起路來搖搖晃晃、連呼吸都困難，更別提什麼希望與夢想了。

指導文夫的師傅，是一名年近六十的資深前輩，他的經驗相當豐富，如果願意獨立接案，收入應該能比現在高出一倍，但聽說他討厭接洽業務或跟客戶交涉，所以還是選擇留在冷氣公司服務。

雖然社長對文夫說：「這個師傅話不多，但技術很好，你要好好跟他學習。」但這幾天以來，文夫都只被允許搬冷氣室外機，沒有機會協助更多工作。

「下一家要安裝的是商業用機器，你要看仔細。」在結束上一個安裝作業，文夫回到貨車的副駕駛座後，老師傅說道。

「什麼？」

「雖然家用的冷氣機安裝方式很簡單，但如果從家用機開始學裝冷氣的話，之後遇到商業用機型，就不太會做了；但如果一開始就從商業用的機型學習，只要學會以後，要安裝家用型就一點都不困難。」這是文夫第一次聽到老師傅的親口建議。

「不是搬完室外機，工作就結束了，你要在旁邊仔細觀摩、邊看邊學！」

「好的！」文夫簡單回應了一聲。

從貨車的車窗看出去，今天的國道二四六號也很塞，下一個工作現場應該也很熱吧！如果能下一陣雨就好了，文夫心想。

「只要願意認真好好做，這份工作不只能賺進一棟房子，還可以送自己的女兒上大學呢！」文夫耳邊傳來師傅的話。

「師傅家的千金，是大學生嗎？」文夫好奇的問。

「她正在讀上智大學。」師傅回答，文夫第一次看見師傅的笑臉。

「真厲害呢！」

有一天，自己也能建立屬於自己的家庭嗎？

車窗外依舊是萬里無雲的大晴天，但此時的文夫卻覺得，這一望無際的清澈藍天真是漂亮啊！

理財小知識

‧預借現金是將信用卡的部分可用額度轉為現金，讓持卡人提領使用，借款金額、手續費等費用會一併合計到下一期信用卡帳單，再依帳單償還。

‧根據個人的職業和收入，信用貸款利率大不相同，全臺個人信用貸款平均利率為五．二四％；企業貸款利率介於一．四二％至五％之間，但實際利率仍需依金融機構核准為主。

第三話

錢包偷走了東西

野田的目標是賺到五千萬日圓後，提早退休。

他每個月將兩萬日圓投入指數型基金，兩萬日圓投入美國標普指數，在他節省開銷、努力投資市場時，他遇到了一位「股市達人」。

「人生就是一場賺到五千萬日圓的遊戲。」這句話，是野田裕一郎在個人推特釘選的置頂推文，目前已經被轉推數千次，並獲得了一萬多個讚。

對每天都有人爆紅的推特來說，這個數字並沒有什麼大不了，但這是野田使用推特這麼多年以來最熱門的一則推文，所以被他當成紀念碑一般留在個人頁面上。

野田實際上也認為五千萬日圓是非常恰當的數字。但為什麼是五千萬日圓？據說，在人的一生中，大概能賺取約兩億到三億日圓的薪資所得，但最後能存下超過一億日圓的人卻寥寥無幾，所以用五千萬日圓當作目標，相較起來是比較合理、可行的。一般人只要從二十幾歲開始，願意放棄各種不必要的花費，努力工作並做一些投資，還是很有可能達到五千萬日圓的資產目標，所以這個數字才可以獲得大家的共鳴。

五千萬日圓能做什麼？可以在東京二十三區內買到一間中古屋；如果願意稍微往郊區移動，甚至有機會買下一間新成屋。如果把五千萬日圓，拿來找一個投資報酬率約八%到一〇%的投資標的來長期投資，每年約可獲得四百萬到五百萬日圓的收益，這筆被動收入已經足夠維持一整家簡樸的生活，更可以用此作為擔保，再買下另一間公寓作為投資或收租使用。

野田心想，如果我有五千萬日圓，便可以投進日本菸草（ＪＴ）、日本郵儲銀行或日本電信電話（ＮＴＴ）等穩健的資產股，單靠股息應該就能獲得相當穩定的生活品質。再不然，也可以選擇美元外幣的投資市場，把資產放進美國的ＥＴＦ（指數股票型基金）裡。或者拿來買下一間屬於自己的房子，反正東京的房租這麼貴，有自己的房子就能省下租金，把原本要繳房租的錢拿來做其他應用。也可以考慮分散使用，先用三千萬日圓買下一間房子，再把剩下的兩千萬日圓拿去買ＪＴ的股票，這樣一來，既不用付房租，每年還有一百二十萬日圓的股利，相當於每個月都有十萬日圓左右的被動收入，生活應該也能輕鬆不少。

當然，也不一定非得在東京，選一個自己喜歡的鄉下，買一間房子來住，同時買一些投資用的房地產，輕輕鬆鬆過日子，這樣的人生似乎也很不錯。

總而言之，對野田來說，只要擁有五千萬日圓，就能提早退休，或是以半退休的方式，一邊享受生活、一邊從事自己感興趣的工作。就算不想退休也沒關係，只要口袋裡有五千萬日圓的資產，就能隨時說不幹就不幹，對主管也不用卑躬屈膝，好像是預先寫好了一份辭呈，隨時都能拿出來丟在主管臉上，不用擔心往後生活。

這就是五千萬日圓的意義。

野田從二十幾歲開始，就深深理解到這個意義，甚至因為領悟得比較早，他更加認為自己比周圍的人還要有優勢，直到半年多前，他也深信自己一定能輕鬆達成五千萬日圓的目標。

野田每個月薪資實領約二十二萬日圓，公司有提供宿舍，每個月只要花約一萬日圓，就能住在六張塌塌米大小、附有小廚房跟閣樓的公寓。為了節省外食的開銷，野田幾乎每天自己下廚，所以每個月扣除房租、伙食費跟手機月租費之外，還能存下超過十萬日圓。

野田在推特上的暱稱是「你的U＠用投資股市實踐半退休生活」，這個推特帳號大概關注了約兩千多人、粉絲人數則近三千人，算是個經營得還不錯的帳號。但這個帳號在幾個月前發布了最後一則推文之後，便沒再更新過任何內容。

就算不點開推特，野田也完全記得自己最後一則推文內容：

我已經達成目標了！你的U在此下臺一鞠躬。雖然這一段時間不長，但很感謝大家的照顧。

第三話　錢包偷走了東西

§　§　§

野田從文夫破舊的包包中偷走了LV錢包後，一走出居酒屋立刻拔腿往赤羽站狂奔，跳上一列最快出現在眼前的電車，最後在新宿站下車。

他從熟悉的新宿東出口出站，混在熙來攘往的人群裡，走著走著，眼前出現了一間麥當勞，他走到櫃臺點了一杯一百日圓的冰咖啡，然後在二樓找了一個靠窗的位子坐下。從窗戶往下看，路上有各式各樣的餐廳與家電賣場，還有許多來來往往的行人。看了一會兒繁忙的街景，野田緊張的心情終於漸漸平復。

他拉開自己後背包的拉鍊，偷來的東西正好端端的躺在裡面——新到彷彿在閃閃發亮的長夾。野田把手伸進後背包、打開長夾，而當看到皮夾上客製化的金色英文字母「M・H」，野田不禁皺起眉頭心想：「搞什麼鬼？竟然還在皮夾上燙印字母縮寫，這樣我很難用耶！就連脫手也賣不到好價錢。而且，為什麼是『M・H』？水野文夫的縮寫也不是這樣啊？」

「超俗！我也不好用！他是白痴嗎？」野田忍不住小小聲抱怨，但隔壁穿著面試套裝的女大學生，還是打量了他一眼。

接著，野田打開長夾的鈔票隔層，看見裡面塞了一小疊一萬日圓紙鈔。原本不想再引人側目，但野田還是忍不住喊了一聲：「ＹＥＳ！」其實剛剛在居酒屋，當文夫打開長夾時，野田就已經瞄到裡面好像有不少錢，但沒想到比自己預期的還要更多。

稍微估算了一下，皮夾裡大概有四十來張萬元紙鈔。他原本就覺得文夫那傢伙似乎有點錢，但沒想到竟然這麼多，野田心想：「大概還能再撐上好一陣子。」

其實在過去這一週裡，野田一直持續幹著同樣的事：先把前同事或老朋友們約出來碰面，等對方去洗手間或是出現其他空檔時，再趁機摸走對方的錢包然後跑走。畢竟所有能借錢的地方，野田都已經借遍了，他只剩下這種方法才弄得到錢。

無論這些被害者打了多少通電話、傳了多少則訊息，野田全都視而不見、不讀不回。他推測，可能有些人已經察覺到事情不太對勁，因為前幾天他在推特上看見某個朋友的推文：「那傢伙好像怪怪的，大家要小心喔！」眼看著用同一招弄到錢的機會也不多了。

就當野田已經快要放棄從認識的人身上搞錢時，文夫成為他最後一個目標。他試著約文夫出來碰面，沒想到他立刻就答應了。野田心想：「這傢伙從以前就沒什麼朋友，常常被人家當笨蛋，應該還沒聽到什麼關於我的奇怪風聲；而且聽說他現在似乎在做直銷或老鼠會，正千方百計兜售投資交易課程教材，一定很容易上鉤。」

就算野田不認為文夫會預先聽到什麼風聲，但在走進居酒屋之前，他還是相當忐忑，想著萬一曾經受害的老同學們正在裡面堵自己；或是有誰報警了，讓警察預先埋伏，野田心裡還是不由得害怕了起來。

等看到文夫毫無戒心、一臉傻傻的走進居酒屋，野田先是放下一半的心，但看見文夫裝模作樣的解說外匯交易，野田忍不住一把火就冒上來，心裡暗罵：「什麼投資？什麼交易？別笑掉人家大牙了！專業的投資高手在你眼前好嗎？老子可是曾用四十五萬日圓本金，成功翻倍賺到四千萬的飆股奇才。

「在我面前賣弄什麼外匯交易，實在是有夠煩的，我快要憋不住了。想在老子面前談投資，你再等一百年啦！好啦……剛才我還是忍不住打斷了，但他講的那些蠢內容，我實在忍耐到極限了。」野田一邊回想剛剛跟文夫碰面的場景，一邊又在腦海中訐譙了一番。

發洩完怒氣後，心情也逐漸平靜下來，甚至還有一點點愉悅感，但這種快感就像吸毒一樣，很快就退了，在野田喝了一口冰咖啡之後，腦袋瞬間一片空白，不安的情緒再度籠罩而來。

從文夫身上弄到的錢，雖然還可以撐上一陣子，但已經沒辦法再從認識的人身上故技重施。今晚要住哪？就算過得了今天，但明天呢？

由於剛剛才跟文夫一起吃吃喝喝，所以野田還不餓。他昨天剛從公司的員工宿舍裡搬出來，晚上只能窩在漫畫咖啡館裡，但今天大概不能這樣，畢竟那種地方需要身分證，又裝了監視器，如果老同學們有人去報案，很可能馬上就會被抓。

野田又看了一眼後背包，心想還是趁現在身上有現金，先移動到郊區會比較好。於是野田嘆了一口氣，拉上後背包的拉鍊，背好背包、站了起來。

野田朝新宿站走去，掏出現金買了一張往品川站的車票，並在月臺候車位上坐了下來。他原本搭車都是刷有自動儲值功能的信用卡，但卡片額度已經被他刷爆，儲值卡裡也沒剩下半點餘額。

他拿出手機，螢幕上有嚴重的裂痕，野田盯著手機想：「都到這種地步了，應該要銷毀所有資料，然後把手機丟掉才對吧？」

自從那天跟文夫通過電話後，野田就把手機關機。反正現在會打電話來的，只有那些前同事或老同學。

看著已經關機的手機，野田很猶豫，手機可能會被別人用GPS追蹤定位；但如果自己連手機都丟了，那到底還剩下什麼？野田又接著安慰自己，「手機除了打電話跟傳訊息外，還可以用來搜尋各種情報啊！」於是把手機放回背包裡。

野田嘆了一口氣，除了文夫之外，其他同事或朋友們所損失的金額，也不過就是幾千日圓，最多也就兩萬日圓，應該沒有人會因為損失這些錢就跑去報警。況且自己現在也筋疲力盡、沒力氣想這麼多……。

§　§　§

野田接觸股票的時間並不長，剛開始也只是小額投資。

從野田出社會以來，就在為未來及退休後生活做準備，建立存錢習慣。

工作了半年以後，戶頭裡存了將近三十萬日圓，野心也一點一點大了起來。他心想，雖然把錢放在銀行裡定存看似穩健，但投資報酬率連〇．一％都不到，有沒有什麼增加存款的方法？

此時的日本，正因「安倍經濟學[6]」的政策而騷動不已，所有投資標的價格飆升。儘管野田覺得投資股市好像有點可怕，但是如果不跟隨風潮一起前進，似乎也沒有其他方法。加上野田剛好看見一本男性理財雜誌正在介紹「投資信託」的基金理財特輯，便因此深受吸引。

雜誌上說，如果每個月在投資信託中投入五萬日圓的本金，以投資報酬率七％來算，三十年後的本利和將會超過六千萬日圓，還附了一張一路向上攀升的曲線圖。野田心想，如果自己照著雜誌上所說的方法來投資，只要在基金中投入跟之前每個月所存的五萬日圓相同金額，等到自己五十幾歲時，就能擁有高達六千萬日圓的資產。

原本野田一直對自己的未來相當悲觀，認為就算努力工作一輩子，退休後也不可能領到多高額的年金，但是看到雜誌上所介紹的基金投資方法，用三十年的時間便有可能換到六千萬日圓的資產，心情豁然開朗了起來。

雜誌中所介紹的投資信託類型，是以全球配置或美國股市作為主要投資標的，這類投資商品幾乎不用負擔手續費或信託管理費等；其所宣稱的七％投資報酬率，則是依過去經驗所推導的概略數據。所以不免俗的，在這篇報導的角落也標示著插圖警語——一名泳裝女郎用對話框的方式提醒讀者，「投資會受到匯率及景氣影響，請投資人務必多加注意」。

野田也理解所有投資皆有風險，但他心想，自己身處在薪資水平停滯、年金無法期待的年代，如果只是每個月投入五萬日圓，勉強一下應該還是能辦到，他便開始積極嘗試了多種投資信託商品，並在手續費相對便宜的S網路證券平臺開戶。

野田每個月的投資配置，有兩萬日圓投入與全球股市連動的指數型基金，另外兩萬日圓則投入與美國標普五百指數（S&P 500）連動的指數型基金，剩下的一萬日圓則分配給和日本東證股價指數（TOPIX）連動的指數型基金。

這些投資標的在當時的市場氛圍底下都大幅攀升，甚至隨著日圓持續貶值，日經指數

6 前日本首相安倍晉三為了挽救日本的經濟困局，所提出的一系列政策。

更一度衝到將近兩萬點。

野田投入投資市場的資產，也因此有了明顯的增長，他更在這樣的趨勢鼓勵下，決定從每個月固定投入五萬日圓，增加到八萬日圓。

為此，他努力減少所有非必要支出，就連和同事的交際應酬也想辦法推掉，甚至不跟朋友聚餐往來；還在二手交易平臺買了一臺二手電鍋，用白飯、納豆、雞蛋，配上即溶味噌湯，就是簡單的一餐。

野田也是從這時開始使用推特，一開始的帳號暱稱是「U@二十世代節約上班族」，主要追蹤一些同樣在從事投資信託研究的推主，同時關注一些美股、定期定額及省錢生活等主題的帳號。

透過這些網路分享，野田獲得了許多投資理財相關的資訊與知識，例如美股的個股投資、日股的股東優惠券，還有上班族也能從事的副業，以及如何透過日本地方政府的故鄉稅[7]、NISA（小額投資減免[8]）及iDeCo（年金投資減免[9]）等制度來節稅等。

尤其在「省錢生活」相關主題中，有許多女性對這類議題特別有研究，會分享各自的省錢祕方。

野田經常從這些或許是ＯＬ、或許是家庭主婦的推主身上，學到如何製作省錢料理、有效累積或使用信用卡點數的祕訣，以及如何透過手機 App 取得特定商家折價券的方法。野田的料理技巧與食材搭配的能力大幅進步，不僅學會如何炒出一盤美味的豆芽菜，甚至還會自己種豆苗，在省錢之餘還有餘力研究均衡飲食的搭配方法。

這可能是野田最開心的時候。雖然是看了雜誌的介紹才開始學投資，但經過學習與研究後，他也知道分散風險、減少交易成本是長期投資的重點，而他定期定額買「免傭基金」（No-Load Fund）[10]，手續費為〇%，他的做法也符合長期投資。

隨著市場交易氣氛的熱絡，推特上以投資理財為主題的帳號也紛紛活躍了起來，一時之間，大家似乎都以能參與市場交易為榮。

---

7 在日本，只要繳交固定的個人負擔額兩千日圓給都道府縣、市區町村，即可以扣除所得稅以及住民稅。

8 幫助日本居民透過免稅福利省錢的帳戶。

9 每月自己提撥金額到自己的 iDeCo 帳戶，再在帳戶裡選擇金融商品投資，每年提撥到帳戶的總金額得以申報減輕所得稅及住民稅。

10 不向投資者收取申購或贖回手續費用的開放式基金。

這些帳號還有一個共同點——會在個人簡介欄裡，把《富爸爸，窮爸爸》這本書視為投資聖經，並且放在個人最愛的藏書列表中；對於那些理財過於保守、不肯參與投資的網友，則會為對方貼上頑固、沒上進心等標籤。

§　§　§

最近有個年輕的同事問我：「〇〇先生，聽說你有做一些投資理財的規畫？」雖然我心裡納悶，但還是簡單回答對方：「有投資追蹤標普五百的基金。」沒想到對方竟然接著開口要求說：「可以教我嗎？」於是我便告訴對方一些用廉價SIM卡節省每月花費，或利用故鄉稅與iDeCo制度來節稅的方法。

為了讓對方可以簡單上手，我甚至還建議：「初期只要把多餘的錢，先存到NISA帳戶來累積資產就好。」單單只是幾種入門的理財方法，就讓對方打退堂鼓：「啊……這些方法我好像做不到。」

說到底，裝睡的人叫不醒。他們老是把錢花在無謂的事情上（例如貸款買房子、買車或買保險），等退休之後，只能過著勉強餬口的人生。

這則推文獲得了幾千個讚。

「這種說法會不會太極端呢？」野田一邊想，手指依舊反射性的點了讚。或許是對自己這麼早就接觸投資理財有幾分自豪感吧！

野田平常不只自己下廚、節省外食開銷，就連水電、瓦斯費與手機月租費也相當省，假日的休閒娛樂，則是閱讀從圖書館借來的投資書。就這樣過了將近一年，當野田的存款正式超過一百萬日圓時，一直以來靠著定期定額投入投資信託，且樂在其中的理財生活，竟然開始變了調。

儘管以定期定額、投資信託或節約、省錢生活為主題的推特帳號，相較於其他比較激進的投資領域，大家在發言時都比較溫和低調，但偶爾還是會出現一些炫耀文或引戰文，例如：「我在三十歲就擁有三千萬日圓的資產」，或「我目前二十七歲，但手邊資產總額只有兩千多萬日圓，是不是太少了？」等；就算有些推文不像前面這麼張揚，但字裡行間還是隱約透露出發文者的年收可能超過一千萬日圓，或擁有自己的房產等；哪怕是不經意分享的生活旅遊經驗，在打了馬賽克的家族照片上，也看得出來是高價的歐洲旅程。這一切，都讓野田的內心開始不滿足，原來一直以為對方是跟自己年紀相仿的單身上班族、一直以為這些人都過著低調簡樸的生活，沒想到竟有為數不少的人，都是高收入的菁英分子！

雖然推特可以匿名，不像實名制的臉書（Facebook），但只要看到別人過著奢華生活，不免讓人產生比較心態或自慚形穢。野田在學生時代也曾申請過臉書帳號，原本是用來聯繫家鄉的朋友們。但臉書漸漸變成大家炫耀自己的地方，讓人不是滋味，野田便只在要聯絡以前的同學時使用。

現在竟然連推特都淪陷了。野田看著自己每個月單薄的收入，無論如何都追不上這些含著金湯匙的菁英們，現實的殘酷就像陣陣寒風，從縫隙中吹進原以為平靜無波瀾的虛擬世界。

野田認為投資個股的風險很高，一直不敢嘗試，但可能是被內心的焦慮所推動，也可能是股東優惠券的吸引力，他開始覺得非得靠一些什麼來翻轉人生才行。

初步做了功課後，野田覺得「日本麥當勞」似乎是個不錯的標的，因為日本麥當勞每半年會發放一次股東優惠券，每組六張，可以用來兌換店裡的漢堡、附餐及飲料等。如此一來，當野田吃膩自己的料理時，便可以拿著兌換券去麥當勞換換口味。

但是獲得股東優惠券的門檻是一百股以上，換算出來將近四十萬日圓，野田從來沒有一次投資過這麼一大筆錢，必須鼓起勇氣，才能義無反顧的往下跳。所以在一年後的十二月底，野田趁著日本麥當勞除權時，用公司發放的四十萬日圓年終紅利，成功買進一百股。

沒想到，過完年之後，麥當勞的股價迅速攀升，野田的帳面獲利已經高達五萬日圓了。他心想，就算沒有拿到股東優惠券，獲利也夠自己去麥當勞消費了，於是轉手賣掉手上的持股、入袋為安。在短短幾週內，四十萬日圓變成四十五萬日圓，這就是野田第一次投資股票的經過。

§　§　§

電車抵達品川站之後，野田很自然的朝新幹線的月臺走去。途中穿過琳瑯滿目的伴手禮專賣店與熱鬧的便當店，野田忽然想到，自己已經沒有能送伴手禮的對象了。

野田抬頭看著售票口上的路線圖，究竟該去哪呢？大阪？廣島？還是九州？不知怎麼，野田感到一陣暈眩，莫非是醉意上來了嗎？

「你還好嗎？」等回過神來，野田已經蹲在售票口前，一名身穿制服的站務人員正盯著他看。

「啊！沒事沒事。」野田莫名一陣尷尬，馬上慌慌張張的站起來。

「要不要去醫務室休息一下？」

「不用，真的沒事。」野田躲開親切的站務人員，逃跑似的折回剛剛的伴手禮專賣店附近。他看到了一家咖啡館，便隨意點了一杯與店名相同的特調咖啡，要價六百日圓。

他坐在窗邊，看見往來的行人，靜靜喝著咖啡，「究竟要躲去哪裡才好？」原本想喝點咖啡讓腦袋清醒，沒想到思緒更加混亂。

野田拿出 LV 長夾，從裡面抽出一張萬元鈔票付錢，儘管找回的小鈔與零錢相當沉重，但長夾若無其事般的收納了這一切。回過神來，野田發現自己正茫然的看著背包裡的長夾，他思索著：「文夫那傢伙，為什麼要買這麼貴的錢包呢？」

野田跟文夫只有在國中一年級時短暫同班過。他第一眼見到文夫，就覺得他像個天生的魯蛇（loser）。

§　§　§

還記得當時開學典禮剛結束，所有同學正各自回到自己的班上，因為小學也在同一個學區，所以大家紛紛找到自己小學時認識的朋友，正興奮的打招呼。只有文夫一個人孤伶伶的，沒跟任何人有交集，野田還一度以為文夫是跨區就讀的轉學生。甚至開學後，文夫也只在第一個學期短暫加入過棒球社，之後很快就退出了。

文夫一直相當安靜，不知道是不是因為同學間屢屢傳出他家是靠著社會救助金過活、從小就被其他男生霸凌等謠言；甚至也不一定是謠言所致，因為他看起來就像放棄了一切，沒打算跟任何人往來、交朋友，只是默默接受這些狀況。但如果沒有發生「那件事」，也許文夫的國中生活可以過得更輕鬆一點。

那件事發生在一年級的文化祭前夕，當時文夫莫名成為班上文化祭執行委員的候選人之一，又因為誰都不想攬下這種麻煩事，所以全班立刻決定由文夫擔任。

班上本來就會分出許多個小圈圈，而向來不屬於任何一個小團體的文夫，在被選為執行委員的隔週，為了完成文化祭的任務，開始分別向各個小圈圈搭話。

「不好意思打擾您，想跟您調查一下，關於文化祭要安排的活動，不知道您有什麼高見嗎？」文夫的態度相當客氣，詢問時甚至帶著筆跟筆記本，只是他異常高亢的聲調，就像是一個沉默很久、沒開口說過話的人，以至於一張口就發出尖銳又不合宜的音量。

文夫第一個開口詢問的對象，是盤據在教室前方的小團體，這群女生在班上算是相當安靜的一群，多半是美術社或插花社的社員。野田猜測，文夫一開始會找上這群女生，大概是覺得她們看起來客氣又友善，裡面還有幾個人感覺特別溫柔、好說話。

就算這群女生被文夫突如其來的高亢聲調弄得一頭霧水、面面相覷，但還是回答了問題：「嗯……可能就咖啡館或展覽之類的吧？」

「您是說咖啡館或展覽對吧！我了解了！萬分感謝！」文夫異常激昂的聲調迴盪在教室中，讓教室一時之間充滿了微妙的氣氛，也伴隨著一陣陣詭異的竊笑聲。

接著文夫又走向旁邊的另一群女生，這群女生參加的都是桌球社或排球社，雖然不是班上最活躍的團體，卻是聚集最多開朗活潑的人。

「請問各位同學！有關這次文化祭，我們班上應該也需要做點什麼。想請教各位同學，有沒有什麼屬意的活動項目？」文夫奇特的高昂語調、詭異的客氣用語，加上異常的興奮表情，全都是正常國中生不會有的表達方式，所以當文夫再次開口後，幾乎全班都關注著文夫的一舉一動。

現在回想起來，野田還是覺得很不可思議，為什麼文夫要用這麼奇怪的方式來徵詢大家意見？畢竟每天早上都有班會時間，就算不在開班會時提出，也可以請大家放學後多留幾分鐘，當著班導師的面詢問，應該很快就能有結論。難道文夫是想先彙整大家的提案，再在班會時表決嗎？這件事至今仍是個謎。

「喂！水野！文化祭有規定一定要做什麼活動嗎？」班上另一個小團體的女同學向文夫問話，一開口就氣勢逼人。

這群女生多半是弓道社的成員，因為弓道社是學校唯一能在地方比賽中奪得名次的社團，所以不論男女，社員們在校內都非常囂張。但文夫恍若未聞，畢竟要鼓起勇氣跟班上的女生們說話，就已經耗盡他全身的力氣，實在沒有多餘心力去注意其他人的叫喚。

「喂！水野、水野！」叫喊他的是班上最漂亮也最受歡迎，成績也還不錯的麻木。只見她的聲音漸漸不耐煩，大概她從沒想過，自己竟然會被文夫這種人無視。

「喂，水野！水野！」麻木忍不住生氣大喊，文夫終於回頭了。

「怎、怎麼了嗎？」

「我剛問你，有誰規定文化祭時一定要辦什麼活動嗎？」

「啊……。」文夫欲言又止。

「誰規定一定要？哪條法律規定的？」麻木一邊冷笑、一邊把文夫逼到角落。

野田發現文夫拿著筆和筆記本的手正在發抖，當時全班應該都發現了。文夫全身僵硬、手不斷顫抖，「也、也沒有說一定要……。」文夫發出像蚊子一般的聲音。

「那、就、不、要、做！聽懂沒，我們跟水野不一樣，還有社團活動要忙，想那些太麻煩了，就不要做吧！」

「但是……。」文夫還想做最後的掙扎。

「不想做的人！」麻木擅自表決了起來，全班都配合舉起手。此時鐘聲響起，因為時間點太過巧合，全班還一起笑了出來。

下一堂剛好是班導的社會課。

「怎麼了嗎？」班導師剛走進教室，就察覺到班上很騷動。沉默片刻之後，麻木回答：「老師，文化祭的活動我們非參加不可嗎？」

「也不是……」老師很困惑的環顧全班，「是沒有規定一定要參加，但畢竟機會難得，還是參加一下比較好吧？」接著就像什麼事都沒發生過一樣，開始上課了。

從那之後，一直到文化祭結束為止，班上都瀰漫著一股尷尬的氣氛。

文夫再也沒有開口提有關文化祭的活動安排，他變得比當上執行委員前更安靜。儘管班導說「參加一下比較好」，但麻木隨口提出的表決，就好像是正式決定，大家雖然有點在意，卻也什麼也沒說、沒做，直到文化祭舉辦的時間近在眼前。大家眼巴巴的看著其他班級熱鬧又愉快的準備著咖啡廳、鬼屋，連續好幾天忙到傍晚。班上有參加社團的人還能去參與社團活動，但沒有加入社團的人，真的就無事可做。

直到文化祭前幾天，班導還特別在早上的班會時間，苦笑問大家：「原來你們……是真的沒有意願參加啊？」大家聽在心裡難免有些不是滋味，想著自己當時雖然也順勢起鬨舉手，但應該還是要做點什麼才對吧？

文化祭當天，文夫沒有來學校。整件事情的起因，原本應該要怪麻木，卻沒有人站出來說話，畢竟大家不想承認是自己自作自受。於是所有人把過錯推到文夫身上，認為「就是因為那傢伙擔任了文化祭執行委員、用那奇怪的方式來詢問大家意見，才讓我們『青春記憶』留下了一頁空白」。

從那天起，文夫就被全班排擠了，且至今連一次同學會都沒辦過。野田心想，可能不只是因為文化祭事件的影響，更有可能是大家對於班上無法團結、對於大家排擠文夫的行為都有罪惡感吧？

野田再次聽到文夫的名字，是在臉書的群組訊息中：

水野那傢伙正在兜售有問題的商業教材喔！他約了我見面，大家要小心。

水野？是誰啊？

啊！就是那個文化祭的執行委員……。

水野？他現在在幹嘛？

講話聽起來還好，但情緒跟以前一樣異常激昂，一直說著「這是絕對能賺到錢的外匯投資情報」之類的話術。

看起來問題很大，十分可疑啊！

儘管野田也曾在赤羽區偶遇文夫，但自己並沒有開口說出這件事，為什麼呢？「他好像跟我住在同一站附近，有時會遇到他，還曾經打過一次招呼。」如果自己在群組裡這麼說，一定會被同學們追問：「水野的近況如何？」、「他有告訴你，現在在做什麼工作嗎？」一想到要幫大家提供這些八卦情報，野田就忍不住厭煩起來。

果然自己多少還是有點在意當初全班一起排擠文夫的事情吧？

§　§　§

坐在咖啡館裡，野田不自覺的反覆確認皮夾在不在後背包裡，一邊心裡碎念：「要不是我搞砸了這一切，老子才不會去偷文夫的錢包！」

事情是發生在野田賣掉麥當勞股票後的幾個月。

一開始，有一個名叫「嵐池田」的男性以股票投資高手的身分，出現在夜間的電視節目上。野田其實不是那個節目的固定觀眾，只是某天加班到半夜，回到家時肚子有點餓，就拿出之前用便利商店 App 折價券所換來的泡麵當宵夜。就在吃泡麵時，他聽到電視傳來「靠著股市交易，累積出數億日圓資產……」，手便不自覺停了下來。

電視裡的男人，臉部被打上馬賽克，在看起來像是他家公寓的某個角落接受採訪，他正在分享自己去年靠股市交易賺進一億日圓的事情。節目製作單位繼續揭露那名男子的日常生活。

野田發現，他這麼有錢的人，竟然只住在一個房租約十萬日圓的小套房裡，連中餐都只靠整箱購入的海菜泡麵果腹。那款海菜泡麵的牌子與野田正在吃的一樣，售價只要一百五十八日圓，野田不由得產生了莫名的親切感。

嵐池田在節目上說：「從年初到現在，我已經虧損了將近五千萬日圓，但這還在我能承受的範圍內，畢竟我的總資產有三億多日圓；雖然我的財產很多，但物欲很低，這大概是因為我不斷在尋找自己來到這世界上的意義，所以與其追逐物欲，不如選擇投入新創企業……。」他看起來就像個誠懇又正直的人。

「我覺得這輩子應該跟結婚生子無緣。但我靠投資股票的技巧達到了財富自由，也想運用這個技巧對社會作出一點貢獻。最直接的方法，就是積極投資會讓世界變得更好的企業。老實說，目前這些投資項目還沒有顯著的成果，但能不能獲得財務上的利益，我也不是很在意。」聽完這一番話，野田開始覺得這個人跟自己有點像。

沒有察覺泡麵已經爛了，看電視看到入迷的野田心想：「雖說這個人跟自己有點像，但是投資股票的才能完全不在同一個等級。雖然自己對於成家立業也不抱任何期望，但這傢伙竟然還有餘裕思考貢獻社會什麼的，真是厲害。」於是，心生景仰的野田，馬上在推特搜尋「嵐池田」的帳號，毫不猶豫點了跟隨。

隔天開始，野田便密集追蹤嵐池田在推特上的發言。

嵐池田經常在推特上說想對社會有所貢獻，並且一再表示自己不只想幫助新創企業，也一直在思考有沒有什麼方法，可以幫助那些被黑心企業壓榨的年輕人，或單親媽媽等弱勢族群。最後想到的方法是把自己操作股票的技巧，分享給這些弱勢民眾，幫助他們翻轉生活。

又過了一陣子，嵐池田在推特上點名某家公司的股票：

情報來了。Q股好像有機會喔！

Q股是一支生技股，野田稍微查看了一下股價，一百股約八萬日圓，並不是買不起的數字。但畢竟才剛開始，野田也無法只憑這句話就輕易出手，所以只在一旁靜觀其變。

但是，自從嵐池田在推特上放出消息後，股價確實明顯上漲，從九萬日圓、一路飆到十一萬日圓。此刻的野田充滿悔恨，緊咬著嘴唇責怪自己為什麼看到推文的當下，沒有跟著一起買？眼睜睜的看著短短幾天，Q股已經來到十二萬日圓；然後嵐池田發推文說：「看起來應該差不多了，大家要注意喔！」接著股價就如同嵐池田所預言的一路暴跌到六萬日圓。

隔天在嵐池田的推特牆上，捲起一陣陣感謝浪潮，「感謝嵐大，這一波帶我賺了十萬日圓，讓我累積了下次進場的資本」、「我是個單親媽媽，由於手頭並不寬裕，一次只能買進幾百股。多虧嵐大的帶領，讓我賺到三萬多日圓，女兒參加畢業旅行的費用終於有著落了，萬分感謝」，類似這樣十幾則感謝推文，嵐池田都一一轉推到自己的推特版面上。

皆大歡喜的Q股派對！敬請期待下一場派對來臨！

在嵐池田的這一則推文底下，又聚集了眾多留言：「感謝嵐大，下次也麻煩您了」、「超級期待，我會一直追隨嵐大的」。野田觀察著事件發展，緊緊握著賣掉麥當勞股票後所拿到的四十五萬日圓，靜靜等待下一場「派對」來臨。

儘管已經做好準備，但當隔一週嵐池田又發出訊號：「情報來了。這次是A股。我已經盡力幫忙大家了，大家自己也要努力喔！」野田還是無法立刻做出反應。

或許就跟嵐池田之前所宣稱的一樣，他的強項在生技股，所以A股也是，股價是一百股約四萬日圓。野田在心中揣測：「難道他可以預先獲得什麼內線消息嗎？要不要All in買個一千股呢？」但最後也只敢試兩百股而已。畢竟對只買過麥當勞股票的野田來說，要下重注去買一張連公司名稱都沒聽過的股票，實在是很冒險的行為。

不意外，這次的股價反應也跟上次一樣，從嵐池田發出消息之後，A股股價就從五萬日圓一路上漲到七萬日圓時，嵐池田又發出「請注意」的推文提醒大家。野田一看到訊號後立刻脫手，在短短兩天之內賺進了六萬日圓。賺錢固然開心，但野田更懊惱：「為什麼自己沒有完全信賴嵐大，把所有資金都拿去買Ａ股呢？如果當時進場買一千股，今天的獲利就會超過三十萬日圓……這大概就是嵐大所說的『錯失良機』吧？對沒用的人來說，就算把機會擺在眼前，也不懂得把握。」

有過前兩次的經驗，當下次嵐池田的派對到來時，野田把手上的五十一萬日圓全押進嵐池田所報的明牌中；在下下次派對時，野田甚至把一直以來都穩定獲利的投資信託基金全數贖回，押進自己所有能動用的資產。

在等待另一次派對的空檔，野田還去證券公司辦了融資信用交易，以便自己能開三倍槓桿去參加嵐池田的投資派對，因為使用槓桿交易的關係，野田的資產飛躍性成長，已經達到將近四千萬日圓。

野田也是在這時候，把推特暱稱改為「你的Ｕ＠用投資股市實踐半退休生活」，並在個人簡介中寫道：「二十世代的單身上班族。因為嚮往嵐池田的生活方式，而開始從事股票投資，目前資產從四十五萬日圓變成四千萬日圓。希望能在三十幾歲達成ＦＩＲＥ財務自由、提早退休的目標。大家一起征服世界吧！」

無論是上班或閒暇時間，野田隨時緊盯著嵐池田的推文。只要他一發文，野田就會秒按讚，或是引用推文，再加上自己的評論，例如「不愧是嵐大！我也想向您學習」之類的，再立即轉推出去。

儘管野田已經累積了數千萬日圓的資產，但仍然跟過去一樣節省，從不浪費任何一毛錢。有任何多出來的資金，全都拿去投入嵐池田所推薦的股票，他甚至認為，除了投資股票以外，其他支出都沒必要且浪費。

雖然野田並沒有改變他精打細算的省錢生活模式，但是他原先因省錢生活所結識的網友，以前還會在推特上一起加油打氣、互相鼓勵，現在一個一個消失了。

剛開始發現有人取消追蹤自己時，野田相當震驚，但隨著他熱衷於轉發嵐池田的推文，推特上也漸漸出現了新的同溫層，野田也變得不在意被之前的朋友退追這件事。

> 朋友，講白了就是當時最適合自己的人。只要情境不再，當初認為很合拍的人，現在變得有點隔閡，也是再普通不過的事，所以我的追蹤對象會不斷改變，就好像是換一套更

合身的衣服一樣。

這是某天嵐池田發的推文，野田看到之後相當認同，甚至出現了想按一百萬次讚的心情。於是野田趁著這次機會，好好過濾自己推特帳號的追蹤對象，並且新增許多崇尚FIRE運動、以提早退休為目標的帳號。

當野田的總資產累積超過三千萬日圓時，他買了一只五十萬日圓的手錶，當成是給自己的獎勵，並拍照上傳到推特上。

從來沒有買過什麼給自己，但是為了紀念資產突破三千萬日圓，特別買了一只手錶，作為給自己的獎勵。

這則推文一發表，獲得了許多嵐池田的信徒前來按讚分享，還有人留言說：「真厲害！我要以你為目標，繼續加油！」這些留言，一時之間讓野田覺得自己好像也有信徒追隨，彷彿是網路上某些群體的領導者，甚至因誤以為這一切都是靠自己的才能、努力所得來，還很愚蠢的覺得自己是「股市天才」，完全忘記自己只是聽別人的明牌，盲目跟著殺進殺出而已。

就在某一天的早盤，嵐池田點名了R股，野田不加思索的用融資信用交易的最大額度、開滿槓桿，直接把所有資金投進去。

到了下午兩點左右，野田稍微看了一下推特，還沒有與R股相關的訊息，嵐池田只是跟往常一樣，上傳了海菜泡麵空碗的照片。那張照片被信徒們稱為是「嵐神的托缽」，只要看到這張照片，大家一定會附和按讚。野田心想，今天大概不會有「請注意」的推文了吧！畢竟派對通常會連續舉辦個幾天，而當天確實沒發什麼事情。

真正的意外，降臨在這次派對的第二天。

第二天早上十點，野田打開證券戶的App，看到自己的資產約莫是四千九百萬日圓左右。「好耶！」野田在心中歡呼了一聲，完全無視現在還是上班時間，背著主管用公司電腦發推文：

我就要達成五千萬日圓的目標了，或許就在今天！

而在這一則推文上方，有另一則野田固定的置頂推文。

人生是一場由五千萬日圓所構成的遊戲。

野田心想：如果真是如此，那我快要贏得這場遊戲了。

但是，崩毀的時刻往往比想像中來得猝不及防且簡單粗暴。

中午過後，嵐曾發出「差不多該注意了！」的推文，但當時野田正在開會，所以錯過了提醒訊號。

等到會議結束，野田又因為在上班時用公司電腦開推特，被課長叫去罵了三十幾分鐘。當他終於從課長面前脫身時，又被大他一屆的前輩叫住，說要去拜會客戶公司石橋系統，要他跟著一起去。

一直到當天下午兩點半，在股市收盤前，野田與前輩正從石橋系統離開，搭電車要回公司。野田一邊聽前輩說話、一邊打開手機的 App，這才發現自己的融資信用交易帳戶內的資產數額，竟然只剩下早上看到的一半，約兩千五百萬日圓。

每當野田想起這件事時，總是會心想「要是當時當機立斷、砍掉所有股票就好了」，如此就能即時止血，未來也還有東山再起的機會。

但想歸想，野田也知道自己無法果斷的認賠停損。畢竟他當時的股齡才一年又幾個月，用融資信用交易的方式買賣股票也還不滿一年，不可能有停損殺出的勇氣。

§　§　§

看著手機顯示的數字，野田差點失手把手機摔在電車上，雖然前輩一直在說話，野田卻一句話也聽不見，滿腦子都是「明明幾個小時前還有將近五千萬日圓，為什麼現在只剩下一半？到底出了什麼問題？」但不論野田重新整理畫面多少次，結果都一樣，甚至在短短幾分鐘內，數字還在快速減少。

「喂喂！野田，你還好嗎？」等野田回過神，發現前輩正在搖晃自己的肩膀，「你臉色很難看耶，怎麼了嗎？整張臉都在發白，是貧血嗎？」

野田勉強露出笑容回答：「沒、沒關係……我只是有點反胃。」野田並沒有說謊，他是真的有點想吐。

「要不要下一站先下車，稍微休息一下？」野田接受了前輩的建議，但是婉拒前輩陪他一起；他獨自坐在車站的長椅上抱著頭待了一會。

就這樣，收盤時間到了，野田的帳戶內剩下約兩千萬日圓。

到了隔天，野田仍在期待股價或許會出現V轉反彈。但事與願違，R股股價持續下跌，這讓野田的融資信用交易出現追繳保證金的危機。如果野田沒有即時補足，持股部位就會被迫斷頭結清，清償融資後的差額也會變成野田的負債。

我已經達成目標了！你的U在此下臺一鞠躬。雖然這一段時間不長，但很感謝大家的照顧。

這是野田發的最後一則推文。從那時起，野田墜入更深的地獄。

他先去銀行申請信用貸款，並動用了信用卡的預借現金，然後找遍親朋好友，把所有能借到錢的地方都問過一遍，想辦法湊齊保證金，渡過第一次斷頭危機。儘管如此，R股還是不斷再下跌，野田最終還是逃不過斷頭結清的命運，此時野田身上所剩下的，只有超過三百萬日圓的負債。

很快的，還款期限馬上就到了，野田只能每天追著錢跑，想辦法湊出一筆錢來還債。雖然一度想向公司預支薪水，但不僅被公司拒絕，甚至還傳了出去，遭到主管與同事們的側目。野田不得已，只好私下向唯一一個稱得上是朋友的同事周轉，卻也被對方婉拒，隔天一早，野田便被主管叫進辦公室裡大聲斥責，警告他不准在公司裡借錢。這種處境讓野田在公司失去容身之處，只好痛苦的提出辭呈，沒想到被火速核准，還被要求在一週內搬出員工宿舍。

在這最後的一週，野田無計可施，只好到處找學生時代的朋友們見面，並想辦法從他們身上弄到錢。

野田賠光了所有資產後，才終於想要調查一下嵐池田這個人的底細；沒想到光是把這名字丟進搜尋引擎，就發現他種種低劣事蹟：

嵐池田這傢伙很有問題，根本就是在哄抬炒作、坑殺散戶。

野田連「哄抬炒作」是什麼都搞不清楚，在網路上查詢之後，才知道是「以人為方式操控股價漲跌」的意思。

他還沒被檢舉嗎？這種人應該要被BAN掉吧？

聽說警察有把嵐找去問話！

真的假的，他真的是個很糟糕的傢伙。

沒有連帶處罰當初採訪他的電視臺嗎？不敢相信！那種報導手法，根本就是在幫騙子抬轎！

看著網路評論，野田一時之間也困惑了起來。為什麼這麼多負評，自己竟然從來沒發現呢？不！或許曾經看過，只是當時被眼前的利益蒙蔽，並沒有把這些負評放在心上。

讀了越多資料，野田也漸漸明白嵐池田的操作手法。他會將鎖定的標的，用報明牌的方式告訴大家，先丟出進場訊號，然後分批投入自己的資產拉抬股價，等看到股價上漲的信徒們開始跟著買進，進一步把股價推升到高點，此時嵐池田就會發推說「請注意」。而在提醒大家注意之前，他早已經把手上的股票拋售完畢、獲利出場，完全不用承擔任何風險與損失。手法看起來簡單，但嵐池田根本不是靠什麼投資股票的天分，純粹只是割韭菜而已。

要舉發人為操縱股價，在舉證上十分困難，所以真正因此被逮捕或移送的人不多；再加上網路發達，推特或部落格等網站社群降低社群了哄抬特定標的的困難度，炒作個股股價變得更加容易。儘管如此，野田仍無法打從心裡覺得嵐池田是個十惡不赦的壞蛋。

雖然野田在這一波操作中搞砸了一切，但他相信一定有不少人，順利透過嵐池田的訊號，達到財富自由。這種做法真的有問題嗎？畢竟我們身處在一個看不見未來的年代，如果不這樣搏一把，根本沒有機會翻身致富。

就算現在的自己已淪為受害者，但野田還是不後悔當初的決定。不對！自己並不是受害者，因為自己的失敗是自己造成的，並沒有任何人加害自己。

§　§　§

野田坐在咖啡館回想過去所發生的一切，然後從後背包裡拿出LV長夾，抽出裡面的現金，放進自己慣用的兩折式布錢包。這只布錢包，野田從大學時期用到現在，邊角已經有些磨損。之前野田在買名錶犒賞自己時，也曾動念想過，等資產突破五千萬日圓時，要為自己買個名牌錢包，但他始終沒有等到那一天。

「不好意思啊，文夫！你的錢我就收下了。為了生存，我只能這樣做；如果做不到心狠手辣，就無法在這個人吃人的世界上生存，這一點你最好也牢記在心。」野田在心裡默默做出決定。

野田連長夾裡的現金卡也一併收進自己的錢包，他想或許之後會有機會用到。「為了活下去，從今以後，我要變成無情的惡鬼！文夫啊！我想你應該也能了解，被騙或失敗的弱者，才是錯的那一方。」

野田只有在面對文夫的時候，才能稍微有一點優越感，畢竟文夫是他唯一能鄙視的人。當初野田之所以沒有跟任何同學提起自己曾經遇過文夫，只因為文夫無足輕重，無視他也只是剛好而已。

野田拿著空空的LV皮夾走出咖啡館，來到新幹線的乘車口，買了一張前往大阪的車票、刷票進站。此時的野田已經決心把文夫的LV皮夾丟掉，但是在車站內怎麼都找不到垃圾桶。

「文夫啊，因為我們都是弱者，根本留不住這一切，所以我會把這只皮夾給扔了。反正上面燙印了英文字母，拿去賣也賣不到什麼好價錢；萬一被二手店的監視器拍到，還可能會洩漏我的行蹤。」野田千頭萬緒的在站內亂逛、尋找垃圾桶，時間也逐漸到了新幹線發車時刻。

突然，野田眼前出現一間書店，店內販售著一般雜誌與平裝書。野田猜想，車站裡可能已經沒有垃圾桶了，便快速走進書店內，把LV長夾悄悄放在某一落書堆上。

「有看書習慣的人，應該不太可能偷走皮夾，會老實的把它送去車站的遺失物中心。

這皮夾或許還有機會回到文夫手中……我能做的，只有這麼多了。」野田邊想邊往新幹線的月臺頭也不回的走去。

不知道是從哪裡冒出來的靈感，在野田的腦海中浮現出一個詭異的場景：在畫面裡，野田所留下的不是長夾，而是一顆定時炸彈。這顆炸彈在書店裡引爆，一時之間濃煙密布、書與雜誌被炸飛一地，地上還散落了一堆零碎書頁……。

對於自己莫名冒出來的奇特想像，野田忍不住笑了起來，搭上通往月臺的手扶梯。

§　§　§

「聽說在新宿那邊，舉辦了一個『鐵路遺失物市集』，一起去吧！」雄太一臉天真無邪的看著手機螢幕說，但葉月美津穗實在沒有辦法坦率的點頭答應。

自從十個月前發現雄太的債務問題後，美津穗不只向自己的媽媽借錢，還把家裡值錢的物品都變現，好不容易才湊出一筆款項先還給信用卡公司。但雄太欠下的高額卡費，還是沒辦法完全還清，所以家裡的財務狀況依舊沒有好轉。

美津穗每個月會固定還媽媽兩萬日圓，每次匯款之後，還會特別用 LINE 向媽媽表達感謝。每一次，美津穗都會親手輸入「謝謝」，絕對不會使用貼圖代替，因為在這兩個字裡，不只有感謝，還夾雜了抱歉、讓您擔心等各種情緒。

儘管現在勒緊褲帶還是能勉強生活，但他們家已經變成月光族，完全沒有辦法存下半毛錢。可是雄太好像什麼事情都沒發生過一樣，一副沒事的樣子……。

雄太似乎察覺到美津穗的臉色不太對勁，馬上又慌慌張張的補了一句：「偶爾、偶爾也要放鬆一下！每天為了幾塊錢把自己逼得這麼緊，會喘不過氣的……。」聽到雄太這麼說，美津穗不只臉色難看，連全身的血液都凍結了，手指頭也瞬間變得冰冷。她忍不住想，會變成今天這種局面，到底是誰造成的啊！

「我、我想買一把折傘，這裡只要四十六日圓就能買到了。」雄太把手機螢幕推到美津穗面前。美津穗這才想到，之前雄太的折傘壞了，到現在都還沒買新的，而且一直拿長傘頂著用，外出、通勤什麼的，多少還是有點不方便。

美津穗看雄太並不是毫無悔意，而且家裡只要有一個人緊張就好，如果連雄太都為了負債的事情焦慮，家裡的氣氛只會更加沉悶。不可否認，雄太吊兒郎當的態度，確實也能在某種層面上感染美津穗，讓她有機會稍微放鬆一點。

舉辦遺失物市集的地點在新宿，雄太可以用自己平常上班通勤的定期月票，所以只要額外支出美津穗的車資就好。

「買雨傘的錢，可以算在家用支出嗎？這算是必要開銷吧？」在前往新宿的電車上，雄太賴皮的跟美津穗討價還價。

「不行！」美津穗斷然拒絕後，看著懷裡兒子圭太的睡臉。比之前去夏威夷時，圭太好像又長大了一點，正一臉開心的打著瞌睡。為了可以幫忙補貼家用，美津穗正努力想辦法找一個適合的托嬰中心，讓她可以去找工作賺錢；但不論是托嬰中心或是適合的工作，現在都還沒有任何著落。

遺失物市集的場地在新宿車站附近，某間住商混合的大樓內。當雄太一家抵達時，現場已經有很多人了。雄太想買的雨傘，都展示在市集最前面的一區，這一區同時也是會場中最熱鬧的地方。美津穗心不在焉的跟在雄太身後，看著他挑雨傘。

雖然傳單上面寫著「雨傘只要四十六日圓起」，但只有部分塑膠傘才會賣這麼便宜，大部分的價格還是落在五百日圓左右。儘管如此，美津穗還是看到不少中年婦女興奮的驚呼：「這把傘的品質這麼好，一把只要五百日圓？」然後一邊開關雨傘、一邊興高采烈的挑選著。

美津穗想著：「五百日圓的雨傘也能挑得這麼開心。」心裡湧上一陣微微酸楚，畢竟五百日圓相當於他們一家三口一天的晚餐錢，才沒辦法像這些中年婦女一樣，隨隨便便就拿來花掉。光是站在這些人身邊，美津穗就忍不住沮喪起來，於是她朝著雄太的背影丟下一聲：「我去看看其他地方……。」便推著嬰兒車，穿過人群離開。

遺失物市集的會場，大概有兩間小學的教室這麼大，裡面依照不同商品種類分出不同區域，有服飾區、放滿包包、配件的小隔間，還有堆滿耳機的箱子等。會場的最後方，有一個展示櫃顯得額外明亮，美津穗瞥了一眼，發現玻璃櫃裡陳列著許多飾品或手錶等高價物件；雖然買不起，但美津穗還是忍不住走了過去。

美津穗沿著玻璃櫃往前走，先是看到一些裝飾著小寶石的耳環與項鍊，想到這些飾品曾經屬於某人，甚至有人至今仍在尋找，就不禁惆悵了起來；接著是精品名牌的錢包，有些比較新、有些則布滿使用痕跡，其中甚至不乏ＬＶ這類高級品，那些不愉快的記憶，又湧上美津穗的心頭。

「要是沒看到就好了。」雖然心裡這麼想，但美津穗無法移開自己的目光，彷彿是有意要選購的客人一樣，直盯著玻璃櫃看。

在陳列著 LV 品牌的櫃位上，有一整疊比較舊的三折式皮夾，無論顏色、款式，通通只要五千日圓；雖然只有一瞬間，但美津穗確實閃過了購買念頭，但是不可能，現在的自己，就連五百日圓的雨傘都買不下手。

就在這疊皮夾的不遠處，美津穗被另一件物品吸引了注意力。

那是一個幾乎沒有使用痕跡、接近全新的 LV 長夾，它單獨陳列，看起來格外光彩耀眼，上面還標示「LV、棋盤格紋、近全新，印有 M．H 字樣」，標價四萬九千日圓。

美津穗震驚到無法呼吸，「難道……是我之前賣掉的那個錢包嗎？不可能吧！」但是全日本會有幾個印了 M．H 字樣的 LV 長夾？

「要不要看看呢？」賣場裡的女員工主動向美津穗搭話，「這款幾乎接近全新喔！因為上面有客製化的英文字母，所以售價比較便宜，但這個價格絕對值得入手！」美津穗還沒來得及回話，那名員工已經把長夾展示在美津穗面前，「妳看！真的像全新的一樣對吧？」女員工把皮夾打開，向美津穗展示上面的燙印文字M·H。

美津穗的直覺告訴她，這正是自己在夏威夷買的那個LV長夾。美津穗不知道它為什麼會出現在這裡，但英文字母擺放位置，跟自己曾經擁有過的一模一樣，甚至連植鞣皮觸感也絲毫不陌生。

美津穗把皮夾拿在手裡，心裡納悶：「你為什麼會在這裡？到底發生了什麼事？」

「妳在看什麼啊？」忽然有人從美津穗的身後開口說話。美津穗嚇了一跳，原來是雄太，只見他手腕上掛著裝折傘的透明塑膠袋。

「我們又買不起，看了也沒用。」雄太笑著說。彷彿忘記美津穗曾買過一模一樣的LV長夾，最後卻不得不賣掉的經過。

美津穗把長夾還給了賣場的女員工，轉身離開會場，後來雄太好像說了什麼，但美津穗完全沒聽見。

雖然當初買下LV長夾的自己跟現在的自己，都是同一個美津穗，但她確實有些改變了。她冷冷回了老公一句：「對！看了也沒用。」然後心想真是夠了！自己絕對不會再讓這個男人左右人生。不！不僅僅是這個男人，任何人都不能影響自己！

美津穗並不討厭雄太，重點是她不想再讓任何人插手她的人生、不想被任何人害得要過窮困的生活，僅僅如此而已。

§　§　§

「生島家說要賣房子呢！」美津穗的媽媽自言自語著。

今天是美津穗從遺失物市集回來後的隔週。通常美津穗會將欠款轉帳給媽媽，但偶爾也會以當面還錢為由，每隔幾個月就親自回娘家一趟。除了看看媽媽、聊聊天之外，也可以拿一些媽媽做的小菜，或帶走一些她不穿的衣服，還能喘口氣，而且媽媽看到孫子也很開心。

「怎麼啦？妳今天看起來很沒精神？」媽媽抱著圭太一邊哄、一邊問美津穗。

「沒有啦。」當美津穗回答時，心裡已經明白原因。自從在遺失物市集看到那只長夾之後，心情就一直很鬱悶。

第三話　錢包偷走了東西

「生島是誰啊？」美津穗振作精神後，開口反問媽媽。

「就是以前跟我一起打工的那個同事啊！」

「哦！是她呀。」

自從美津穗的爸媽離婚後，媽媽做過各式各樣非正式的工作，她現在說的應該是待最久的那份，是在車站前的超市打工。當時和她一起打工的阿姨，好像比媽媽還年長了約十歲，印象中是住在富士見野市。

「為什麼要賣房子？是要搬家嗎？」

「他們家距離車站有點遠，聽說是要搬到離車站近一點的地方，在女兒家附近租了一間公寓。畢竟生島太太的老公已經過世了，現在也是一個人生活，她說與其自己一個人住在透天厝，還不如換去住公寓會比較輕鬆一點。

「聽說他們一開始打算開價四百八十萬日圓，但一直喬不定，便降到三百八十萬日圓，這是他們的最低價。沒想到仲介說有買家開了兩百萬日圓想買他們的房子。」

「從三百八十萬日圓直接砍到兩百萬日圓，不會太狠嗎？」

「對吧！生島他們也覺得兩百萬日圓太低，所以很生氣的拒絕了對方。但是從此之後，就一直找不到買家，聽說現在只要有人開兩百一十萬日圓，他們就肯賣了。」

「兩百一十萬日圓？透天厝？」原本一直放空聽媽媽講話的美津穗，聽到這個價格突然抬起頭來。

「很便宜對吧？雖說是四十八年的老房子，但生島一家都很愛乾淨，屋況還不錯。雖然離車站是有一點距離，但從富士見野站到池袋也只要三十分鐘。」

「的確。」就算到新宿也只要約四十分鐘，美津穗心想。

「他們家還有一個小小的庭院可以停腳踏車，這樣就可以騎到車站，通勤搭車也不成問題，但是水電管線可能要重新整修。」

「我有點想看看！畢竟兩百一十萬日圓的透天厝，實在很便宜。」美津穗說。

媽媽笑了笑，「那我幫妳問問看？就算不買，看一看也可以學到一些什麼。」

美津穗的媽媽打給生島阿姨，對方馬上接起電話，並說要問問看仲介那邊有沒有人可以帶看。美津穗看著媽媽想到：「難道打從一開始，媽媽就是為了安排這件事，才刻意跟我提起生島家要賣房子？」所幸很快就跟仲介聯繫上，也約好在美津穗回家時，先在富士見野站碰面，仲介再開車帶美津穗去看房子。

帶看房子的是一名年約七十歲的年長者，他在車上向美津穗介紹，自己並不是受僱於仲介商的房地產經紀人，只是幫忙介紹不動產而已。

「雖然那是一間老房子，但是屋況很好。我原本以為很快就能賣出去，沒想到閒置到現在，真的很可惜！」可能對方聽說看房子的人是屋主生島的朋友的女兒，所以說起話來也毫無顧忌。「我想妳應該也聽說了。我自己是覺得以兩百一十萬日圓來說，這算是一間很不錯的房子，幾乎已經是業者之間相互交易的成本價了。像這種價格，要很多年才會出現一間呢！」

等抵達目的地之後，美津穗看到一整排老舊程度與構造樣式都差不多的房子。「過去這一帶蓋了很多類似的房子，自從LaLaport購物中心完工啟用後，這個區域還算有人氣，也有人會把原本的房子拆掉重建。」老先生指著一整排老屋中，有一間看起來稍微新一點的房子。

到了生島家門口，雖然整間屋子占地不大，但至少是個獨立門戶的透天厝，牆面是白色砂漿，屋頂則蓋著褐色屋瓦，還有一個用狹小也不足以形容的超迷你庭院。美津穗走進屋子。一樓地板鋪著地毯，有廚房、廁所、浴室，還有一個四張榻榻米大的空間，可以作為小客廳或起居室；二樓則是和式設計，有兩間六張榻榻米大的房間，還有一個木製陽臺，如果家中只有一個小孩，這些空間相當夠用。

美津穗的媽媽用愛乾淨來形容生島家，確實十分貼切，雖然房子有點年紀，卻沒有髒髒舊舊的感覺。不過衛浴設備與廁所都是舊式，如果真想住進來，勢必要換新；廚房設備則是以不鏽鋼為主，如果稍微替換一下材質，應該會有不一樣的氛圍。

「只要調整一下地板樣式，看起來會更明亮，二樓的和式也可以改成西式……不好意思請問一下，您如果買下這間房子，打算如何使用？」老先生詢問美津穗。

「怎麼使用？可能是自住吧？目前還不太確定……。」美津穗感覺被對方看穿，自己是只看不買的過路客，所以回答得有點戰戰兢兢。

「原來如此。」

「除了自住以外，這邊的房子還有什麼其他用途嗎？」美津穗問。

「在這一區置產的大都是投資客。他們買下房子、改裝完後，就會租給別人。」

「原來也有這種方法啊！」

「沒錯，只要花個一百萬日圓簡單裝修，就可以自己當包租婆。」

「那這邊租屋行情，一個月大約多少錢呢？」美津穗盤算著，如果買下這間房子，連同裝修大概得要花個三百萬日圓。

「應該是四萬日圓或五萬日圓吧？因為這樣的價格，就連靠社會救助金過生活的人也租得起。」

「社會救助金？」

「您不知道嗎？有些無法工作的人或高齡者，都是由國家或區公所在照顧。這一帶領取社會救助金的人，大概可以申請到四萬三千日圓的房租補貼，及兩千日圓的管理費補貼，所以這一帶的租金價格，大概也落在四萬五千日圓，比較有競爭力。」

「原來是這樣啊！」

「也有人會自己做一些簡單的裝修，像有些年輕人，連鋪地板、刷牆壁等工作都自己來，聽說量販店就有賣那些ＤＩＹ的工具與材料。」美津穗心想，如果牆面跟地板都自己動手的話，就能依照自己的喜好來裝修。

「如果您是要自住的話，也可以向金融機構申請房貸，現在的利率很低呢！」老先生繼續提議。

「現在的利率大概多少？」美津穗又問。

「這要看銀行跟申請人的條件，但平均大約一%。」老先生回答。

美津穗心想：「一%！和循環信用繳款的一五%相比，簡直就像免費。如果投入三百萬日圓來買房子，每個月以四萬五千日圓租給別人，這樣的投資報酬率會有多少？如果裝修都自己動手的話，成本應該能更便宜吧！」在這間又老又小的房子裡，美津穗聽見老先生這一席話十分衝擊。

她心裡暗自盤算，先用貸款買下這間房子，然後一邊住、一邊動手裝修，等裝修完再租給別人，到時候不只屋況漂亮、可以租個好價錢，房貸大概也已經付清，就可以再用房貸買下其他物件……。

美津穗買不起五百日圓的雨傘，也買不起五千日圓的皮夾，但這間兩百一十萬日圓的房子，美津穗說什麼都要買下來。畢竟**不動產是不會消失的財產**啊！

「可以請你再說明得更詳細一點嗎？還有，那邊那塊汙漬是什麼？」等美津穗回過神來，她已經用手指著天花板上的小小汙漬開口詢問。原來當自己有了購屋意願之後，竟然能瞬間發現這麼細微的地方。

理財小知識

- 融資交易是向券商借錢買股票，讓投資人可以用較少的本金持有股票。
- 臺灣二〇二三年之房貸利率達到二・〇八%，而實際房貸利率高低，仍取決於個人還款能力與房屋狀況。

第四話

錢包在煩惱

善財夏實是一位開運風水作家，
她認為用舊錢包會影響運勢、同一款錢包用三年以上，運氣會變差。
然而在提供新專欄文章給總編輯後，她卻毅然決然買下二手市集上的名牌長夾。

「把《富爸爸，窮爸爸》說成是投資聖經，真是太貼切了。」善財夏實——本名蛇川茉美——心想。

書中收錄了各種關於投資的基本概念，且又是用小說的方式呈現，所以相當好懂，有不少人因這本書而覺醒「財商」；但也有許多不懷好意的人，把這本書當成詐騙工具，引誘人們掉進各種以投資為名的陷阱，好比有人用《聖經》建立新興宗教，用來騙信徒、斂財。如果從這兩個角度來看，說這本書在日本是投資圈的聖經，還真是一點都不為過。

為什麼此刻的茉美會想到《富爸爸，窮爸爸》這本書呢？那是因為坐在她對面的編輯保坂，正拿這本來當例子：「茉美老師，我希望您能成為日本的羅勃特．T．清崎（Robert T. Kiyosaki）[11]！這樣說好像有點怪，清崎本來就是日裔……總之，我希望您可以成為下一個清崎，為此我會一直支持您的！」

茉美聽了忍不住冷笑，她想：「說什麼天方夜譚！羅勃特．T．清崎可是寫過幾十本暢銷書的知名作家，而我只不過出了一本關於如何用錢包開運的書，銷量還不錯罷了。」

「所以，茉美老師下次可以挑戰一些更深度探討財富本質的主題。我希望老師可以寫出讓讀者們感興趣，甚至可以流傳幾十年、幾百年的作品。偶爾跨出舒適圈，去看看別的世界，對寫作來說也很重要！」保坂繼續說。

茉美還是保持沉默。

「老師也差不多快四十歲了吧？」保坂突然轉了一個話題。

「我才三十四好不好！」茉美幾乎是反射性出口反駁。或許是茉美的反應在保坂預料中，他忍不住仰頭大笑，「今年過完就三十五了，四捨五入可以算四十吧？」兩個人已有五年多的交情，所以保坂才敢開這種玩笑。

從茉美的第一本書《使用魔鬼氈錢包的男人結不了婚，年收入也無法超過三百萬日圓》開始，就一直與保坂合作至今，就連「善財夏實」這個筆名也是他出的主意。

當年茉美因為推特事件被炎上，每天都收到網路酸民的各種惡意訊息。當時茉美的推特大頭貼，是一張微微低著頭、經過美肌濾鏡處理後的照片，胸口甚至露出一點事業線，看起來頗具幾分姿色，所以在這些如雪片般飛來的惡意私訊中，有不少低級粗俗的露骨內容，甚至還不乏出言恐嚇及語帶威脅的可怕留言。而在這眾多訊息當中，只有一則茉美願

11《富爸爸，窮爸爸》一書的作者。

意回覆，就是保坂傳來的訊息：

我拜讀了您在推特上發表的所有推文，由於敝公司所出版的雜誌是以上班族為主要客群，所以想向您邀稿，不知道有沒有機會見面談談？

茉美至今仍想不通，為什麼自己五年前會回覆保坂那則訊息。

雖然保坂當時在推特的個人簡介上，有直接寫出出版社的全名，但畢竟是一間她聽都沒聽過的公司。後來兩人約在新宿某家咖啡館碰面，當保坂出現時，他身上穿著不合身的西裝、背了一個看起來很重的包包，完全就是一個身材崩壞、沒有活力的老頭子。

「您那則推文完全戳到我的痛點！」保坂從包包裡拿出一個破爛的魔鬼氈錢包，「這個魔鬼氈錢包，我從大學用到現在……。」保坂顯得有點難為情。

看著對方難堪的表情，茉美不禁笑出聲來，但下一秒，茉美心中閃過一絲不好的念頭：「這個男人，該不會打著雜誌社編輯的名義，約我出來要找我麻煩吧？」想到這裡，茉美立刻收起笑臉、繃緊神經，畢竟自己才剛遭到網路酸民的洗禮，對這些事情特別敏感。

「當我看到您的推文時，心裡忍不住碎念：『說這什麼鬼話！單身是錢包害的？這未免也太蠢了吧！』但老實說，我現在確實單身。」保坂接著說。

「未婚嗎？」茉美問。

「現在是單身啦！我離過婚。」保坂回答。

「原來如此。」茉美想，原來曾經有某個女人，想過要跟眼前這個使用魔鬼氈錢包的男人共度一生！果然青菜蘿蔔各有所好，事情的發展，好像變得有點有趣了。

「不管看到推文的當下，我心中湧現的是什麼情緒，但不可諱言，您的推文確實引起我的注意。我想知道是什麼吸引我關注這件事，所以才特別約您出來當面確認。」保坂的這句話，簡直就像愛的告白。

§　§　§

茉美第一次對開運風水感興趣，是在大學的通識課上，當時一位有建築背景的老師用十分生活化的方式，向學生們介紹開運風水與建築理論之間的關聯，例如廁所不宜放在房子的北邊，是因為北邊日照少，廁所容易因溼冷而滋生黴菌；廚房不宜設置在屋子的西邊，是因為西晒會導致西側溫度較高，如果把廚房擺在這個方位，食材容易腐化變質。

自從聽過這位老師在課堂上的解釋、分析後，茉美開始對風水背後的理性根據感興趣，並且也多方涉獵相關書籍。但要說到真正深入研究且身體力行，則是在茉美出社會成為上班族，並且遭遇許多人生挫敗之後……。

茉美剛出社會找工作時，是日本大環境最糟糕的時期，社會剛經歷過金融海嘯、民主黨上臺執政。

原本茉美想找一個能活用經濟學與英文的工作，所以大量投遞了貿易公司及大型企業集團的職缺。但是她很快就發現，以自己一間普通私立大學畢業的文憑，要進入前面這些公司任職，幾乎完全沒有機會。不得已之下，茉美只好依薪水高低，把履歷投到製造業、運輸業及食品業等其他領域。

在投了五十幾家公司後，茉美終於找到一份餐飲業的工作，那是一間連鎖居酒屋的品牌。儘管茉美在報到時，特別向公司表達想從事內勤工作，但在剛進公司的前兩年，還是被分發到實體門市去外場實習。

兩年後，茉美被調回總公司，但是她這一次被分發到的單位是「各地區居酒屋分店的統籌本部」，換句話說，這次她得每天巡視自己責任區域內的居酒屋分店，並負責鼓勵每一家分店店長，要筋疲力盡的他們繼續努力提升業績。但是茉美幾個月前才剛從分店實習回來，完全能理解業績不好不是因為他們不夠努力，而是有無法解決的難處。

無力的茉美在二十六歲時，決定離開連鎖居酒屋。

她先去人力派遣公司請對方幫忙媒合，之後便被介紹到一間大型保險公司裡擔任約聘人員。此時，日本的景氣開始好轉，職場環境也較之前有所改善，再也不用每天追逐遠在天邊的業績目標，更不用無止境的加班還領不到加班費，主管也不會再大聲怒吼。

茉美心中打著如意算盤，希望自己能在這間大型企業裡找到好的結婚對象，最好可以跟公司內的菁英一起步入禮堂。但只有外型出眾的美女才有機會被收入穩定的正職看上，進而交往、結婚。

茉美並不是沒有交往經驗，她大學時也曾經跟年齡相仿的同學交往過，但畢業後，對方順利到大型企業集團就職，而茉美卻在連鎖居酒屋做著跟打工沒兩樣的工作。因為兩個人的職場環境不同，對方也無法體諒茉美的難處，兩人因此漸行漸遠，對方最後提出分手的理由甚至是：「每次見面時妳都在抱怨，說什麼自己在餐飲服務業工作很吃勞力、有多辛苦……。」

從那之後，茉美就一直沒有穩定交往的對象。她漸漸認清自己並不是職場菁英們喜歡的類型，但是，她也無法降低選擇伴侶的標準。於是在不肯放棄自尊心，又找不到理想對象的情況下，徬徨不安的度過了每一天。

不只情感上沒有歸屬，連工作也不踏實，因為約聘人員每三個月要重新續約，所以茉美都很戰戰兢兢，才能爭取到續聘的機會。此時的她，甚至覺得自己的身心狀況比之前在連鎖居酒屋時更糟了。

茉美覺得自己不論是國小、國中，甚至高中，都跟別人一樣努力，也一直都是班上優秀、乖巧的好學生。外型雖然稱不上是校花，但在班級內應該也能排到前三或前四。上國中後加入田徑社也相當活躍，當時還有不少男生會主動向自己告白呢！像現在這樣工作不順、戀愛也沒著落，一定是自己哪裡出了問題！於是茉美又再度回到開運風水的懷抱，拿起書本想找出自己的問題。

書上說牙齒整齊漂亮的人，比較容易守住財富；如果牙齒不整齊或有缺牙，錢財就容易牙齒縫或缺口中漏掉……茉美一邊看著書上的描述、一邊深感認同。

她回想起在電視節目上所看到的路人街訪，那些明顯缺牙的受訪者，看起來都不像是什麼有錢的人。有能力維持牙齒體面、完整的人，不只代表咀嚼功能良好、可以減輕腸胃負擔，也代表比較講究生活品質。

以現在的醫療發達程度來看，健康、長壽與財富之間可能沒有什麼直接關聯；但是從發展出開運風水的古代社會來推想，健康、長壽就代表著有更多機會累積財富，所以有這樣的論點相當合理。

又有一些女性雜誌的開運風水專欄會提到，「居家環境乾淨整潔的人，比較容易存到錢」，這種論點也有它邏輯性的一面，畢竟能整理好廚房或衣櫃，就不容易購買重複或無用的商品，自然也減少亂花錢的機會。

茉美回想自己還是學生時，曾經看過某一本開運風水書寫：「如果今年想要招來好桃花，在穿搭上，可以選擇粉紅色或黃色等粉嫩暖色系；挑選看起來可愛、但風格略顯保守的款式……。」她還記得自己當時很不以為然。

那篇文章還寫了許多跟女性打扮有關的細節，例如上衣可以挑選蓬鬆柔軟的毛衣、下身可以選擇荷葉剪裁的 A 字迷你裙；皮夾跟外出包則要挑選新出的款式，顏色最好是香檳粉；髮型建議齊肩的中長髮，最好帶點微微的捲度。

只要在腦海中把這些建議描繪出來，就能理解為什麼這種打扮可以招來好桃花，因為在聯誼中比較吃香的女性，她們的穿著打扮與髮型，幾乎跟雜誌建議的一模一樣：身著粉色系衣服、手裡拿著新款包包、肩膀上搖曳著輕盈柔順的秀髮，整體給人溫柔、順從、好懂的氛圍。

這種女性，完美表現出以男為尊的小女人形象，當然比穿著一身黑、看起來強勢的女人更容易找到好姻緣。茉美覺得自己的桃花運這麼不順，大概是因為自己不願意配合一般社會的期待。如果想要解決這個問題，應該要坦率接受婚姻或感情市場的現實才對。

過去嗤之以鼻的論點，現在竟然能找到合理的解釋，這讓茉美一頭鑽進開運風水的世界，認真讀起許多書籍資料，並萌生了「未來有可能以此為業嗎？」的念頭。

§　§　§

「最近我看了一部外國電影，裡面有一句臺詞是：『從錢包就能看出一個人的思考方式……。』」茉美說。

「嗯？」編輯保坂心不在焉的發出一個疑惑的單音，當作是在追問。

「這是在電影情節中發生了某個殺人事件，作為主角的ＦＢＩ探員從身分不明的死者身上搜出錢包時所說的話……我下次想寫這個。」茉美接著說。

「又是錢包之類的主題啊？好吧，反正這也能當成茶餘飯後的聊天話題。」保坂隨口敷衍。

「不是用那句話當主題，只是用這段話作為文章的開場白而已。我真正要寫的內容是『手機月租費』。」看著保坂敷衍的樣子，茉美不斷努力壓抑自己的焦慮。

「手機月租費？是指用廉價ＳＩＭ卡來節省開銷嗎？妳之前不是有寫過？而且這個議題已經有超多人分享過了。」

「雖然有很多人分享，但還是有不少人每個月的手機月租費高達上萬日圓。我認為必須讓大眾意識到，月租費跟房租一樣是一種固定開銷，並且想辦法降低花在上面的支出，才能改善家裡的收支狀況。而且檢視手機月租費的費率模式，比為了降低房租而搬家更輕鬆。再加上，我要寫的內容可不是『改用廉價ＳＩＭ卡，省下幾千日圓』的老掉牙做法，而是幾乎可以完全免費使用的方法。」茉美解釋著。

「完全免費使用？什麼意思？」保坂整個人往前坐了一點，好像終於有點興趣了。

「就是讓自己的生活都在『安樂經濟圈』裡。」

「安樂經濟圈？你是說那個從電商起家，後來經營範圍包山包海的安樂？那個養了一支自己球隊的安樂？」

「沒錯，安樂不只是網路電商平臺，它還涉足了各種日常生活所需的服務，包括銀行、證券、信用卡及保險等，就連電視臺、行動通信、家電、旅行、書店與服飾、雜誌，甚至美容等也無所不包。所謂安樂經濟圈，就是配合它的行銷活動，在特定條件下使用集團的所有服務，就能比平常還要多出兩倍、三倍、甚至四倍的高額點數回饋；再不然就是趁每個月的促銷活動時，一次買齊家裡需要的日用品，不僅能享受優惠價，還能再賺一次安樂點數。最後，就拿這些點數來繳安樂電信的手機月租費，這個方法甚至比單單使用安樂家的廉價ＳＩＭ卡還要更便宜。」

「原來是這樣……。」保坂聽完茉美的說明只是點點頭，並沒有在筆記本上寫下任何東西。表面上雖然沒有直接否定茉美的提案，卻看得出他完全不敢興趣。

茉美不禁有點心慌，馬上擠了另外一個主題想挽回頹勢：「那你有聽過一種說法嗎？只要把鈔票號碼加總後是『三十三』的鈔票放在錢包裡，就會帶來財運。特種行業中相當流行這個說法，或許我們下一次可以聊聊這個傳說……。」

「夠了夠了。」保坂揮手打斷茉美，「不論妳下個月想寫安樂經濟圈或特種行業的鈔票傳說都隨便，甚至也可以讓妳兩篇都寫，放在下下個月。但是第三個月之後……」保坂又往前坐了一點，直盯著茉美的眼睛說：「請務必記得，總編輯不會再收這一類稿子了。」

「啊？你不就是總編輯嗎？只要你同意就行了吧？」茉美在氣急敗壞下忍不住脫口而出，但一說完馬上就後悔了。因為眼前的總編輯，正以相當嚴肅的眼神盯著她看。

§　§　§

茉美從惠比壽車站下車之後，走了十二分鐘回到家，進門時真田正準備外出。

「你現在要出門嗎？」

「妳回來啦！」

兩個人的招呼聲剛好重疊。

茉美與真田兩個人並沒有真正同居，純粹只是因為真田的店離茉美家很近，所以偶而會來借住幾天。

真田在惠比壽某一棟住商混合大樓的地下室開了一間酒吧，酒吧相當狹長，只容得下一條長長的吧檯、沒有其他座位；整間酒吧的牆面色調，是帶有金屬光澤的亮黑色，讓人好像一種置身在鐵盒中的錯覺，加上酒吧的內裝相當簡樸，兩者搭配下，整家店的風格更加沉穩。

茉美第一次來這家酒吧，是在新書發表會的慶功宴後，編輯保坂帶她來這裡續攤。由於這家店的 Highball 沒有使用任何冰塊，就算喝到最後，也不會因為冰塊融化而變淡走味，相當受歡迎。就算已經是續攤行程，茉美還是忍不住喝了五、六杯。

還記得當天，茉美就告訴真田自己住在這附近，之後她常常一個人去真田的店裡喝一杯，或是帶朋友來續攤，加上茉美也從事過餐飲業，所以跟真田相當聊得來。

大概在茱美第三次或第四次到訪店裡時，真田主動邀請她試喝新的酒單，「我正在研究怎麼調出口味不會變淡的檸檬沙瓦，妳可以幫我試喝，並給我一點建議嗎？」當然，那杯檸檬沙瓦是免費的，茱美不禁心想：「難道我已經被當成熟客了嗎？」

某次只有兩個人在店裡時，真田突然對茱美說：「善財夏實老師的穿著打扮，好像跟一般研究開運風水的老師不太一樣。印象中，這類老師好像都偏好亮色或暖色系衣服。」茱美當天的穿著打扮，確實不是粉嫩暖色系。

「原來你對開運風水也有研究啊？」

「只有一點點啦！因為之前跟喜歡開運風水的女生交往過，再加上店裡有些客人對這方面也有一點研究，所以多多少少有印象。」

「原來如此！」茱美心想，果然真田的前女友也是那種會穿粉紅色衣服的女人。

「其實，妳並不相信開運風水對吧？」聽到真田這麼問，茱美不知道為什麼「嗯」的點了一下頭。她一時也無法分辨，自己究竟是想讓眼前的男人留下印象？還是單純不想跟那些迷信開運風水的女人們混為一談。但是身為相關從業人員，茱美覺得自己這樣反應好像不恰當，於是接著解釋：「與其要說信或不信，不如說，這是一種提供服務的專業態度。

我必須保持理性跟冷靜，所以也不能說完全不相信。」

「原來是這樣啊！但我還蠻喜歡妳這一點喔！」對於真田突如其來的揭露好感，茉美完全不敢直視他的雙眼。

在此之前，茉美從來沒想過自己會跟一名酒保交往，因為她曾經看過一篇網路文章，裡面再三警告，調酒師（Bartender）、玩樂團（Band）的人以及美髮師（びようし，Biyoushi），從事這「3B」的人，都不是好對象。但是當茉美決定要跟真田交往時，她催眠自己說：「真田不只是一名酒保，還是一家酒吧的老闆，是有自己事業的創業家。」但是等兩個人發展成情侶關係之後，茉美發現真田果然是那種不適合交往的 Bartender。

茉美今年已經三十四、快要三十五歲了，真田卻從來沒有提過「結婚」兩個字，也完全感受不到他有想成立家庭的想法，每天還是跟以前一樣率性的過日子，甚至有時候會跟其他女人（說是店裡的客人）在酒吧打烊後一起去喝酒，再加上兩個人已經將近一個月都沒溫存了，所以茉美也做好這段關係即將走到盡頭的心理準備。

「妳吃過飯了嗎？」真田問。

「還沒。」茉美記得自己說過今天會跟編輯保坂見面。

「冰箱裡有番茄燉牛肉，妳要不要吃？」

「你特別做的？」茉美不想被真田發現自己的語氣充滿期待。

「我正在研究新菜單，試做時剩下來的。」

「是喔……。」

真田把食物從冰箱裡拿出來，在茉美還來不及推測對方真正心意時，他就出門了。

茉美換上居家服後，把真田做的番茄燉牛肉拿去加熱，順便把冷凍庫的法國麵包拿出來回烤，又倒了一杯家裡剩下的白葡萄酒，拿來配著麵包與牛肉一起吃。她想，跟酒保交往的好處之一，大概是家裡隨時都有料理跟酒吧！

用餐完畢，茉美打開電腦，帶著微醺的思緒，開始整理今天向編輯保坂提案的專欄內容：「如何靠安樂經濟圈，達成手機免月租費的省錢祕訣」。等大致完成草稿後，茉美起身去泡了個澡。原本想說今天有點累，只想簡單泡個澡就好，但一想到真田晚一點或許會回來，茉美還是連頭髮都洗了。

洗完澡後，茉美邊看電視邊喝著剛剛剩下的白葡萄酒。她心想，在自己未來一片茫然時，能找到一個男人交往也不錯，如果沒有真田，自己的生活一定更墮落、懶散。

但直到凌晨兩點，茉美還是沒有等到真田。

§　§　§

「蛇川，妳起床了嗎？要不要出來碰個面？」現在會用本名叫茉美的人並不多，雖然她本來就沒什麼朋友。茉美接起電話，聽到之前餐飲業的同事——稻森瞳的聲音，心中同時浮現出開心與麻煩的情緒。

瞳是一位個子嬌小的美女，在她們還是同事時，瞳就十分有好人緣，在公司裡相當受歡迎，但她完全不理會那些追求邀約，在三十歲前夕，就與從大學時期開始交往，且大自己兩歲的對象結婚，幾年後她懷孕、生了小孩，現在孩子已經兩歲大了。

茉美從來沒有看過像瞳一樣既聰明又腳踏實地的女生。瞳的身邊不缺追求者，在結婚前，公司裡就有許多外表帥氣、能力又好，看起來相當有前途的男性追求過她；瞳甚至還曾被深夜節目的藝人在街頭搭訕過；還有自稱年輕創業家的男性，主動要送她高價的名牌精品，但瞳還是選擇了現在的先生。

瞳的老公是個標準的理工男，性格嚴肅又無趣，唯一的優點只有身高，目前在一家還算不錯的製造商任職。瞳與高個子老公在豐洲附近買了一間公寓，以行情來看大概要八千萬日圓，買房費用似乎是老公跟長輩們一起出的，茉美也曾受邀去過幾次。

雖然沒有仔細計算，但他們買房時恰巧遇到安倍經濟學初期，不論是下訂跟申辦房貸，都是絕佳時機，到現在為止已經增值不少。瞳的老公是鄉下農家的次男，加上公婆跟長男住，所以瞳跟丈夫似乎也不用負責照料兩老的老後生活。對茉美來說，瞳的生活方式幾乎就是富裕且踏實的寫照，所以每當茉美在文章中提到家庭主婦時，經常不自覺的以她為範本；但在現實生活中能像瞳這樣各方面都完美的家庭主婦，應該少之又少。

「茉美現在能過來新宿一趟嗎？」

「瞳也會來新宿買東西？我還以為妳都去銀座之類的地方。」

「因為我婆婆剛好託我買一些東西，所以現在要去新宿的伊勢丹一趟。」

茉美看了眼時鐘，早上十一點，畢竟自己昨晚快凌晨三點才入睡。

「難道妳還沒起床嗎？」雖然瞳的語氣很溫柔，卻帶了一絲笑意。茉美慌慌張張的爬起來，「沒、沒有啦！我已經起來了！」她完全不想被瞳當成是那種一天到晚都在睡覺的女人。

「難得去新宿一趟，想找個朋友見見面，但這附近能在平日中午出門的人似乎只有妳。」瞳說。

「我才不是那種整天閒閒沒事幹的人呢！」當茉美在心中碎念著時，腦中忽然浮現編輯保坂所說的話：「偶爾跨出舒適圈，去看看別的世界，對寫作來說也很重要！」於是便打消了拒絕瞳的念頭。

「好，我知道了！現在就準備出門！」茉美熄掉手邊的電子菸，站起身來。

§　§　§

瞳跟茉美相約在新宿 LUMINE 百貨的咖啡館裡。茉美抵達後朝店內望去，只見瞳正坐在店內最深處的四人座位區向自己招手，她身旁的椅子已經請店員幫忙收走，好讓她能放嬰兒車。

「茉美好久不見！」

「真的好久不見，謝謝妳約我出來！」

瞳穿著高雅的咖啡色A字外套、帶有荷葉邊設計的連身裙，依舊頂著一頭用心整理過的輕柔中長髮。茉美納悶，一般來說，帶著兩歲小孩的媽媽應該沒有時間打理頭髮才對？但就連嬰兒車裡的小女孩都穿著漂亮的洋裝，頭髮也綁得整整齊齊，母女倆的外型與穿搭一看就知道精心搭配過。雖然茉美沒有育兒經驗，不知道怎樣才算滿分媽媽，但是看到瞳的樣子，也不難猜想她為了扮演好媽媽的角色，付出了不少努力。

茉美看看自己，雖然身上的黑色長褲、灰色毛衣、長版風衣，每一件都是名牌貨，但在出門之前，完全沒有考慮風格與穿搭，隨手抓了就出門，狀態看起來比瞳還糟糕！

「不好意思！我知道妳很忙，但實在很想見妳一面，所以還是打電話給妳了。」

「不會啦！我還要謝謝妳約我出來。我也很久沒跟妳見面，正想找個時間聚聚！」茉美笑著回答，掩蓋掉她本來打算婉拒和瞳碰面的這件事。

打從茉美辭掉上班族、開始以開運風水為業時，瞳就相當支持她。當時，茉美正以「身心靈開運風水鑑定師——魔美老師」的名號，受邀在車站大樓的某個角落擺攤；雖然客人不多，被邀請出席的天數也有限，而且諮詢三十分鐘的費用要價兩千日圓，比買一本書還貴，但是瞳仍然三天兩頭跑來找茉美。只要輪到瞳來諮詢，如果後面沒有其他客人在排隊，茉美就會不管時間，開心與瞳暢聊。此時一見到瞳，茉美又懷念起過往種種。

兩個人在咖啡館見面後，馬上熱烈的聊起前同事們的各種八卦。茉美現在跟前同事幾乎沒有任何聯繫；但瞳直到現在，還是會跟前同事們互寄賀年卡，或是在網路社群平臺上聊天、打招呼，剛好趁這個機會交換近況。

就當話題告一段落，兩人陷入短暫的沉默空檔時，瞳忽然壓低音量小小聲說：「剛剛在等妳過來的時候，我發現了一件好東西。」

「什麼好東西？」茉美問。

「我在來這裡的路上，經過附近一個叫做『鐵路遺失物市集』的活動。」

茉美記得以前曾經採訪過相關主題。印象中，這類活動都是由特定業者以競價投標的方式，整批買下鐵路公司超過招領期限的遺失物，再擇期舉辦市集、向一般民眾販售。由於投標時並不知道這一整批遺失物中有什麼東西、品質如何，所以有時會買到一堆垃圾，整體利潤不高，再加上市集所販售的物品價格十分低廉，通常只有精打細算的歐巴桑才會熱衷於這種市集活動。

「市集裡，有一只近乎全新的LV長夾……。」瞳雖然不是虛榮浮誇的人，但也相當喜愛精品名牌。茉美曾聽她說過，在跟街坊鄰居或其他小朋友的媽媽們碰面時，如果身上沒帶幾樣名牌精品，就會被側目或瞧不起；所以瞳偶爾也會去二手交易平臺或實體二手店選購一些。但茉美不知道瞳對遺失物市集也有興趣。茉美想，難道瞳只是表面上看起來經濟狀況不錯，實際上可能家境相當艱辛？

「咦？妳說皮夾啊。」老實說，茉美對於遺失物市集所販售的商品一點興趣也沒有，尤其像LV這種高檔貨，應該要買全新的才對吧？就算幾乎全新，也不知道商品什麼來歷？萬一是個「有故事」的皮夾，上面沾染了什麼厄運，買下它的使用者也可能會受到牽連及拖累。

「對啊！同一款皮夾，如果是全新的原廠貨，售價應該會超過十萬日圓，但在市集裡只賣四萬九千日圓，而且這星期是市集活動最後一週，現在已經殺到三萬九千日圓了喔！」

「真的很便宜耶！」茉美疑惑，會有人掉了全新的LV長夾，卻不想辦法找回來嗎？

一想到這，就不禁懷疑起這只長夾一定有什麼問題，但茉美還是開口附和：「聽起來還不錯，所以你出手了？」

「那只皮夾上面燙印了某個人名的英文縮寫『M．H』，所以才會賣得這麼便宜。」

「啊……。」聽到這，茉美也不好勸說「我覺得用二手貨不太好」之類的話。

只見瞳又興奮的說：「『M．H』，不是剛好跟蛇川的名字英文縮寫一樣嗎？感覺市集的業者想在活動結束前全面出清，如果茉美有興趣的話，或許可以跟對方談談，應該有機會用更便宜的價格買下來喔！」

茉美想起自己在書中曾寫過好多次「使用舊錢包會影響運勢」、「如果同一款錢包用了三年以上沒換新，運氣就會變差」等，還一再提醒讀者「一定要定期更換錢包」。如果瞳真的是自己的忠實讀者，那她一定知道這件事。

難道她平常掛在嘴邊的：「我讀完妳的書，覺得內容很棒！妳一定要再寫出新的作品，我會一直支持妳的！」只是鼓勵自己的場面話？還是她根本沒看過書裡的內容？茉美不敢再往下想，也不願這樣猜測瞳的心思。

「我們一起去看看吧！我想皮夾應該還在。」

第四話　錢包在煩惱

茉美雖然一點興趣也沒有，但一時之間也想不到該如何拒絕，乾脆一起去看看，看完之後就能找藉口回家，「好喔！那就去看看吧！」接著，茉美站起來對瞳說咖啡錢可以報公帳，便趁著瞳還在處理嬰兒車時去買單了。

在車站附近某一棟住商混合大樓前，插著「遺失物市集」的旗子，市集入口處是一整堆的雨傘山，一群中年婦女正聚集在攤位前挑選。茉美看到人潮擁擠，正猶豫著要怎麼走進去，沒想到推著嬰兒車的瞳，竟毫不遲疑的大步向前；更令茉美驚訝的是，嬰兒車就好像是摩西分海一般，瞬間從人群裡開出一條路。

「好強喔！」茉美不禁喃喃自語，瞳似乎沒有意識到發生什麼事，還一臉天真的轉頭問茉美：「妳說什麼？」茉美心想，難道對於有育兒經驗的中年女性來說，用嬰兒車來開道，是很理所當然的行為嗎？

穿過門口的人群之後，錢包或皮夾之類的皮革製品及配件，都陳列在市集空間最內側，一旁還有寶石、飾品或名牌包等被展示在玻璃櫃中。

「妳看，就是這個！」瞳毫不猶豫的指著那只長夾。

只見一只 LV 長夾被獨立展示在櫃內某處，旁邊是香奈兒的配件。這只皮夾跟其他

ＬＶ的錢包分開擺放，好像享有什麼特殊待遇似的。

「確實很新呢！」皮夾表面幾乎沒有任何刮痕，就連邊角都沒有磨損的痕跡。但茉美可能是因為對二手貨的心理作用，總覺得這只皮夾距離全新，好像還差一點。不知道是不是因為氣場的關係，她覺得這只錢包並沒有一般精品名牌那種動人的閃耀光芒，但她又覺得是不是自己想太多了？

此時，原本站在其他櫃位的女店員走了過來，她還主動的拿出鑰匙、打開玻璃櫃，把這只ＬＶ長夾拿出來給她們看，「喜歡可以看看喔！這只長夾真的跟全新的一樣，完全沒有任何刮痕或磨損。」店員戴著白色手套，小心翼翼的拉開拉鍊，向她們展示錢包內部。

「妳們看看，這只皮夾連植鞣皮的部分也完全沒有髒汙！一般來說，使用ＬＶ皮夾時，會從這個地方開始變髒，所以只要檢查這裡，就可以發現這只皮夾幾乎沒被用過，而且這種皮革材質的顏色，會越用越好看喔！」

茉美看到皮夾上確實燙印著「Ｍ，Ｈ」的金色字母。

「如果在ＬＶ直營門市買，原價大概要十萬日圓以上！」女店員一面說、硬把皮夾塞到茉美手上。茉美小聲呢喃了一句：「可以直接拿沒關係嗎？」就把皮夾接過手。皮夾上確實一點傷痕都沒有，但茉美還是覺得這只錢包跟全新的感覺不太一樣。

「不錯吧？上面的英文縮寫剛好跟妳的一樣！」瞳盯著茉美的臉看。

瞳不斷鼓吹茉美買，但茉美還是推辭說：「我再考慮看看。」

「什麼！妳竟然不要？這麼好的機會，很難再有第二次了！」瞳的語氣簡直就像市集裡的員工。

§　§　§

隔天，當茉美把寫完的稿子傳給編輯保坂後，馬上就收到對方的訊息：「我在惠比壽附近，能見個面嗎？我在車站前的 Saint Marc 咖啡館等妳。」因為約得很臨時，茉美忍不住遲疑了一下，回訊婉拒：「我現在還是素顏，沒有辦法立刻出門。」沒想到保坂還是很堅持：「我會在這裡處理一下手邊的工作，妳看妳什麼時候方便就什麼時候過來吧！因為剛剛看了妳傳過來的稿子，有些地方需要討論。」

在家裡穿著全套灰色運動服的茱美，只簡單把運動褲換成牛仔褲、披了一件日式短外套，拿了錢包跟手機就出門了。或許展現出比較居家的姿態，可以讓保坂覺得自己是工作到一半被硬抓出來見面。

剛走進Saint Marc，茱美就看見保坂朝自己揮手，儘管他努力展現出親切的樣子，表情卻相當僵硬。

「您知道我們家雜誌的目標讀者，大概是什麼樣的人嗎？」茱美坐下之後，保坂開門見山問茱美。

「主要是男性，二十幾歲到三十幾歲的上班族對吧？」這件事茱美很早就聽保坂說過了；再加上每個月茱美都會翻閱保坂寄來的雜誌樣書，所以她非常清楚這本雜誌的定位在哪，但也正因如此，當保坂嚴肅的又問了一次時，茱美有點害怕，語氣也變得些許遲疑與試探。

「沒錯，我們這本商業理財雜誌的主要目標讀者，是二十歲到三十歲左右的男性上班族；如果要更精確的定位這個客群，我們鎖定的讀者，是那些年收入僅有兩百萬日圓到四百萬日圓左右，最多不會超過六百萬日圓的男性們。

「這也是為什麼我會毫不猶豫的刊登色情AV或風俗店體驗記等內容，而且封面還特別挑選寫真女郎的照片。」

茉美相當清楚這一點，畢竟如果連這都不知道，又怎麼可能在這本雜誌上寫了三年多的專欄呢！當時保坂幫茉美出版新書之後，馬上就讓茉美在雜誌上連載專欄「善財夏實老師的金錢萌芽研究」；正因為清楚意識到這本雜誌的客群，所以她特別穿了一件微露事業線的白色上衣，並且戴上眼鏡拍了一組形象照供雜誌使用。

「我們雜誌的內容門檻雖然低，但是也有不少目標客群以外的一般大眾會閱讀，例如年收入或社經地位稍高的上班族，甚至已婚男性，還有一些女性或家庭主婦，也都是我們的讀者……但我們真正鎖定的核心客群，還是那群年收入只有三百萬日圓上下的基層正職或約聘員工。縱然他們還算不上是社會的最底層，但這群讀者的人數卻相當多。這群中下階層的年輕男性們，對於未來感到茫然，也不敢奢望成家或結婚生子，他們就算對理財或投資感興趣，手邊也沒有多餘的閒錢可以嘗試……。」

「但是這樣的人，會掏錢買雜誌嗎？」茉美不小心插嘴。

「我們畢竟是商業理財雜誌。在剛剛所說的那些人當中，一定會有人為了抓住翻身的希望，而購買我們這本雜誌，這也是我一直以來努力的目標，甚至為了達成這個目的，我用這些讀者們會喜歡的寫真女郎來當封面，就算這本雜誌在業界被說成是半本色情刊物，我還是……！」保坂嘆了一口氣，「因此，我想在這本雜誌裡面，介紹一些連這些人都能輕鬆做到、有效節省家計或簡單的投資法，讓他們有一點點機會，可以朝財富自由之路前進，甚至把我們這本雜誌當成是墊腳石也沒關係。當他們建立基本的商業理財素養之後，就可以去接觸一些更深入的投資理財內容。說得更偉大一點，我想讓這一群沒有財務觀念的理財菜鳥，可以有機會踏進商業理財的世界，我也相當以這份工作為傲。」

「您剛說的我都懂。」茉美回應。

「但是老師這次的稿子……唉……。」保坂嘆了一口氣，「您在文章中所說的『把生活跟安樂經濟圈做連結』，應該是指辦安樂信用卡、在安樂的平臺上購物、使用安樂電信的月租費方案、在安樂的電子書網站付費閱讀書籍或文章，甚至是在安樂平臺上繳故鄉稅、利用安樂系統預約美容、美髮等服務，最後再靠回饋點數，用來折抵手機的月租費對吧？這個概念確實很有趣，也跟市面上鼓吹使用廉價ＳＩＭ卡的文章不太一樣，相信一定能引起我們目標讀者們的興趣。」聽到保坂這麼說，茉美鬆了一口氣：「那太好了，但是您說有話想跟我說，是要講什麼呢？」

只見保坂的表情逐漸僵硬、嚴肅，他開口說：「我還沒說完。」

「欸？」

「內容有趣是有趣，但您所說的『安樂經濟圈』跟哄抬轉賣只有一線之隔！」

「哄抬轉賣……？」

「就是最近網路上經常看到的哄抬轉賣手法，老師應該知道吧？」

茉美當然知道。所謂哄抬轉賣，就是趁優惠或行銷活動時買進大量商品，再把買進來的東西放在拍賣網站或二手交易平臺上轉賣給別人，從中賺取差價或點數回饋等。如果是更專業的操作手法，還可以瞄準特定商品，整批轉賣給專門收購的業者。

「雖然文章中只有輕描淡寫的帶過，但老師確實提到了：『如果當月沒有什麼想買的東西，可以買一些當紅的 Apple 系列商品或遊戲機等，再把這些好脫手的商品放到二手交易平臺來換現。』」

「啊！」茉美不禁驚呼出聲。

「這就是哄抬轉賣常見的手法對吧？雖然您文章裡面說的是『安樂經濟圈』，但實際操作的手法卻跟哄抬轉賣沒兩樣。」

茱美本來還想開口辯駁：「只是有一點類似！但沒什麼問題吧？」但當她看見保坂用從來都沒見過的哀傷神情看著自己時，她立刻把這句話吞了回去。

「老師，其實我一直覺得，這個世界上有大半的悲劇，都是資本市場的哄抬炒作造成的。那些心懷不軌的人，到處收購別人急需或想要的商品，讓市場出現供不應求的狀況，再趁勢哄抬炒作，把同樣的商品拉高價格轉賣出去。對一般人來說，沒辦法用合理的價格買到日常所需的商品；對業者來說，又會因為生產的商品被異常囤積，導致誤判市場需求，進而造成過度生產、被迫削價出售，最後甚至因為庫存太高而血本無歸，面臨破產、倒閉。這些事，在新聞上都時有所聞。」原本茱美還想要解釋，說自己的文章裡並沒有提倡哄抬轉賣的行為，但是保坂這麼熱切激昂的發言，她根本沒有插嘴的餘地。

「重點是，這些哄抬轉賣的傢伙，純粹只是投機的買空賣空，不僅不事生產，對這個世界也沒有任何幫助，只是從別人的心血上揩油，這種行徑跟騙子或小偷有什麼不一樣？更可惡的是，他們還聲稱這是在創造自己的副業收入，把這種惡劣行徑說成是致富捷徑，甚至還對哄抬轉賣魔人的稱號沾沾自喜！」保坂說到慷慨激昂處，皺起眉頭，連臉都揪在一起。

「我們的雜誌從發行到現在，介紹過許多關於省錢的技巧，以及開創副業的方法等內容，唯獨這篇不行。就算我們讀者的社經地位與收入水準不盡理想，但他們都是認真勤懇的社會基層勞動力，所以我不希望在老師的文章中，看到這種帶有暗示性、可能會讓讀者走上歪路的內容。關於這點，我絕對不妥協。」

「可是文章裡面並沒有這樣的暗示啊！」茉美否認。

「不，老師的文章裡面確實會讓人想到哄抬轉賣。老師在寫的時候之所以沒有意識到這一點，是因為您不覺得這樣做有什麼不對，才不覺得它有問題。」

「竟然執著在這種地方，也太唱高調了吧！」茉美本來只是在心中碎念，卻一不小心脫口而出，保坂聽了忍不住臉色一沉。

茉美馬上接著說：「是我疏忽了，但我沒有惡意，抱歉是我踩了紅線……。」但講歸講，茉美只是表面道歉，心裡卻完全不覺得有這麼嚴重。

保坂也不想再掩飾，「竟然話都講到這種程度了，我就直說吧！老師最近是不是用研討會的名義，舉辦了一些可疑的講座？」

「什麼可疑的講座？你是指？」忽然間受到質疑，茉美忍不住心中的委屈，帶著憤怒與被羞辱的情緒，眼角逐漸發熱、淚水也在眼眶中打轉。

「老師知道邀請您去舉辦講座的主辦單位，疑似假借了投資股票的名義在坑殺散戶，還高價販售一些來歷不明的教材嗎？這個單位在業界的爭議很大呢！」

「我只是接受邀請而已。」茉美心中其實也隱隱覺得不太對勁，畢竟主辦單位所開出來的講師費，兩小時就高達五十萬日圓。以茉美現在的知名度來說，幾乎完全不可能有這種價碼，但在高額的報酬下，茉美還是被誘惑了。

保坂無視茉美的解釋，把想講的話都一次說完：「我知道老師的背景是開運風水及身心靈等方面，但畢竟您之前所寫的文章還有一點可信度，用理性邏輯也還解釋得通，所以我才會一直向老師邀稿。就算偶爾有一些不那麼合理的內容，我也就睜一隻眼閉一隻眼……本來您文章最大的賣點，是穿過那些包裝在迷信或偏見中的假象，直指背後隱藏的理性意涵，但是您最近所寫的文章，似乎失去了原本的初衷。

「不管是開運風水或節省家計等議題，都只剩下譁眾取寵的表面內容；包括那一本談論粉紅色錢包與婚姻的書，畢竟是其他出版社發行的，我也不好評論什麼，但這真是您內心真正的想法嗎？我深深覺得，老師最好重新思考自己未來的發展方向，如果您的文章內容一直踩在邊線上，總有一天會吃苦頭的。再不加強文章內容的理論深度，等到四、五十歲還要靠寫這一套維生，可能就不太容易了。」保坂說的茉美全都懂，她是最清楚的人，以至於就算想要反駁，也找不到任何理由。

茉美原本以為自己會怒視保坂，但始終無法抬起頭，只是盯著自己那乾枯的雙手。

§　§　§

結束與保坂的會面後，等茉美回過神來，她人正在往新宿的電車上。

透過車窗的倒影，茉美看見自己拉著車廂的吊環，從短外套的開口，隱約可以看見裡面那件運動風居家服；腳上則穿著一雙隨便的拖鞋。她完全沒有想到自己會這麼邋遢的去新宿，不禁苦笑了一下。

回想自己在剛接觸開運風水時，也曾質疑過那些無法解釋的色彩理論，例如，在西方擺設黃色物品可以累積財庫；使用紅色錢包會漏財；黃色錢包雖然可以帶來好財運，但也會增加不必要的支出；黑色錢包是比較安全的選擇等；哪怕這些論點都是開運風水中的老生常談，但茉美還是忍不住覺得這些說法很荒謬。

一直到茉美成為上班族之後，才意識到戀愛運跟開運風水中的色彩理論，因為一般大眾的刻板印象，好像真的形成了一股普遍的社會共識，才漸漸理解這些說法或許並非無稽之談，就像自己先前所寫的，「粉紅色錢包與結婚之間，也一定有某種關聯性」，如果自己剛剛能向保坂解釋得更清楚就好了。

但是保坂說得也沒錯，自己對開運風水的相關學問與理論基礎，確實越來越不用功，漸漸變成那種信口開河、不明究理的作者，只會跟著其他人隨口說出：「存錢要用大地色系的褐色錢包；增加收入要用黃色錢包，但會增加意外開支；紅色錢包會漏財，絕對不能用。」等老掉牙的說法，卻絲毫沒有深究背後的原因。

當電車抵達新宿站後，茉美一走車出站，就直奔幾天前和瞳曾經去過的住商混合大樓。

今天應該是遺失物市集的最後一天，賣場裡有許多商品被貼上降價的紅色標籤。茉美完全沒有理會，她穿過賣場走進最深處，指著櫃子裡那款前幾天剛看過的 LV 長夾，毫不猶豫的對店員說：「我要這個。」

帶著幾分要跟從前的自己攤牌的心情，現在茉美不論花多少錢都想買下這只錢包。她想到幾天前，自己還煞有其事覺得用這種不知道發生過什麼事、不知道被轉過幾手的舊錢包，一定會帶來厄運，但人生真的要被這種沒有根據的說法左右嗎？她想藉由這個舉動，更理性的面對一切，她覺得自己非這麼做不可。

茉美現場直接把舊錢包裡的東西掏出來放進ＬＶ長夾裡。

以前不論是買新錢包或是要替換舊錢包，茉美都會慎重其事的挑選好日子、確定吉利的方位、確認好良辰吉時等一切細節，但今天的日子是好是壞、是否良辰吉時，她完全不放在心上。

茉美的舉動，吸引了包括店員在內的旁人側目，她也覺得現在的自己一定超奇怪——穿著居家服出現在遺失物市集裡，買下現場最貴的商品，甚至當場就換了起來，但她管不了這麼多，此時此刻，她要從這裡開始重新出發。

「舊錢包就幫我丟了吧！」茉美把之前使用的舊皮夾遞給店員。

「妳確定？」店員驚訝的說，因為那是一只將近七萬日圓的香奈兒錢包。

「沒錯。」然後茉美便將LV長夾與手機都塞進口袋裡，然後頭也不回的離開了會場。

她有一種神清氣爽的感覺，儘管皮夾尺寸有點長，稍稍從她口袋邊緣露出一小截，但茉美心想，這才是真正的開運。

§　§　§

美津穗看完埼玉那棟老房子的隔天，等雄太下班回家後，美津穗直接對他說：「我們要搬家了。」

「什麼？」正在臥室鬆開領帶、打算換上居家服的雄太，突然停下手邊動作開口追問：「妳剛剛說什麼？」

「我說我們要搬家了，因為我們要買房子！」美津穗趁雄太還來不及反應，一口氣把話說完：「我已經決定好了！而且我不覺得你有權利反對，別忘了你還卡債的錢，都是我媽先借你的。」抱著兒子圭太的美津穗，又把兒子重新抱好，此時的圭太，看起來有點像被挾持的人質。

自從看完房子以後，她思考了各種可能的方案，並在網路上搜尋相關資料、做足功課，想買下這棟房子的念頭越來越強烈，她甚至覺得以現階段的拮据生活而言，她們除了買房之外，別無選擇。

本來美津穗也想用更溫和的方式，慢慢跟雄太溝通買房的事，但正因為她太了解雄太，知道他一定會反對、想辦法讓這件事情不了了之，這些畫面太過真實，美津穗決定長痛不如短痛，一次把話給說清楚，讓雄太知道這件事情沒有轉圜的餘地，也沒有反對的權利。實際上，雄太根本還沒來不及反對，美津穗就已經在放狠話了。

「就算妳這樣說……。」可能是因為美津穗說得太突然，雄太一時之間忘了要生氣，也可能是雄太還在理解美津穗說要搬家是怎麼一回事。但雄太沒有出現太激烈的反應，還是讓美津穗稍微鬆了一口氣。

她冷靜下來，開始向雄太說明：「我想買的那間房子，是在回娘家時看到的。雖然這麼說，但其實跟娘家的距離並沒有那麼近……。」美津穗之所以會特別強調跟娘家的距離，是因為雄太的爸媽非常傳統，總認為媳婦嫁過來之後，不應該跟娘家有太多往來，最好連電車都不要在同一條線上。

雖然美津穗看上這棟老房子的理由，並不是因為離娘家近，但此時就算別人要拿這件事情來質疑她，她也不打算理會，因為美津穗確定要買下這棟房子，哪怕最後必須自己一肩扛起也在所不惜。

「屋齡是有點老，但勉強還能住，總價也只要兩百一十萬日圓。等我們買下來之後，可以一邊住、一邊裝修，等房貸繳完，大概也裝修得差不多了，就可以考慮搬到別的地方，把房子租給別人，還能收一點租金當被動收入。」美津穗一口氣說出自己預想的計畫。

「妳腦子還好吧？什麼埼玉的老房子？妳這樣我要怎麼上班？」

「啊？」

「從距離你公司最近的西新宿站，到離家最近的車站大約只要四十分鐘左右。」

「如果再從車站走路回家，大概需要十四分鐘。」

「這也太遠了吧！」

「不想走路也可以騎腳踏車，騎腳踏車到車站只要五分鐘，算起來你單程通勤的時間還不到一個小時，應該還好。」

「哪像妳說得這麼容易。我每天都要加班，有時候還得提早到公司……。」

「拜託你！只要兩年，撐兩年就好！」美津穗雙手合十，擺出一個懇求的姿勢，「只要給我兩年的時間就好。」

「就算是這樣，我們手邊現在哪有這麼多錢？」

「可以申請房貸，聽說現在房貸的年利率只要一%。」

一聽到年利率，雄太馬上安靜下來，不知道是不是因為他想起之前所欠下的循環信用繳款，那貴死人的利息。

「我們只要拿現在每個月十萬八千日圓的房租來付房貸，大概兩年就能還清。付清房貸後，就可以把房子租給別人，每個月就能多出四萬五千日圓的被動收入。」

「事情有妳想的這麼簡單嗎？」老實說，美津穗自己也不敢確定。但她覺得，這是讓負債超過兩百萬日圓的他們一家，唯一能翻轉人生的方法了。

在向雄太說完自己想買房的當週週末，美津穗拖著心不甘、情不願的雄太去看房子，想讓他實際看看那間老房子的外觀與內裝等屋況；但沒想到看完之後，雄太對那間房子的抗拒感更強烈了。

狹小的玄關、狹窄的廚房、鋪著破爛榻榻米的和室、貼著傳統水藍色磁磚的洗手間，熱水器是老舊的鍋爐型瓦斯加熱器，就連白色的陶瓷馬桶上都還有裂痕。雄太忍不住顫抖的說：「很像是……古早電影裡的老房子呢。」然後只看了不到十分鐘左右，就像小孩子一樣吵著要回家。

可能是因為現場還有不動產業者在，雄太不敢激烈的表達出不滿，但一回家，他馬上就將心中的不爽都爆發出來：「要我住在那種鬼地方，門都沒有！那種房子能住嗎？如果妳是想買下來重建就算了，如果不是的話，我絕對、絕對不可能搬去那邊，而且從那邊通勤也很不方便。」

「只要給我兩年的時間，兩年就好。」美津穗央求。

「就算只有兩年也不可能。我沒辦法一邊住在那種地方，一邊好好工作！」

「請你稍微忍耐一下好嗎？我知道這個要求很任性，但只要撐過這兩年，我們未來的生活一定會輕鬆不少。而且，只要給我幾個月的時間裝修，我一定會讓那間房子變得完全不一樣，拜託！」美津穗再次合掌懇求。

「美津穗，對妳來說，『家』到底是個什麼樣的地方？對我而言，房子是家庭的基礎，它會影響人的生活方式與思考模式，什麼樣的人就會住在什麼樣的屋子裡，像那間破爛老舊的房子，只會孕育出低劣粗俗的家庭。」雄太忽然語重心長的說。

低劣粗俗的家庭？美津穗從來都不知道雄太竟然對家庭觀這麼有想法，但是讓家計狀況出現長年赤字危機，有什麼資格說人家低劣粗俗？美津穗只是想想並沒有答腔，沒想到雄太又開口說出更荒謬的話：「住在那種破爛房子裡，我爸媽會難過的，他們會說：『我生你、培養你，不是要讓你住在那種不體面的地方。』」

美津穗心想，這麼講究體面的父母，竟然在兒子向他們求援時，連一毛錢都不肯借，是有多體面？但她忍住沒說出口，只是冷冷的說：「那我們離婚吧。就算只有我一個人，我也會買下那間房子。」雄太一瞬間嚇到說不出話來。

「我會自己想辦法買房子的。畢竟以我們現在的家庭收支與儲蓄狀況，根本不可能讓圭太安心長大。」

雄太過了好一陣子，才從驚嚇中回過神來，弱弱的開口反駁說：「那妳的錢要從哪裡來？妳沒辦法申請貸款吧？」沒想到雄太想了這麼久，只能想到這個理由，因為美津穗是沒有收入的全職家庭主婦。

「那麼、只好請你還錢了。」美津穗伸出手，「你之前欠下的循環信用繳款，是用我媽的老本、我之前工作時存下的積蓄，還賣掉了那只LV名牌包，硬湊出來幫你還的，你們家一毛錢都沒出，你應該還記得吧？請把那筆錢還給我，我會拿這些錢來買房子，不夠的部分我再自己想辦法。」

美津穗堅定的望著雄太，雄太心虛的把眼神轉開說：「銀行不可能貸款讓我買這種破爛房子啦，如果妳能找得到願意貸款的銀行，我再考慮看看……。」言下之意就是答應了。

確實，要找到願意貸款給他們的銀行並不容易。主要是那棟房子的屋齡太高、殘值有限，再者，雖然沒有任何一個銀行的承辦人員親口證明，但雄太之前使用循環信用繳款的紀錄，多少還是影響到貸款的信用評分。

最後總算讓美津穗找到一家願意承作貸款的地方銀行，他們順利把房貸辦下來，但是銀行開出來的房貸利率是一・八%，還是比一般房貸要高上一些。他們總共貸了兩百五十萬日圓，其中包括兩百一十萬日圓的房屋總價，以及一部分的搬家與裝修費用，換算起來每個月大概要還十萬日圓左右，預計兩年就可以還清。

當然，另一個能順利申請到貸款的潛在因素，跟美津穗帶著圭太往來奔波送件有關，因為不論她到哪一家銀行，銀行行員都會說：「這些事情都讓您一個人來處理啊？身邊還帶著孩子，真是辛苦了。」在跟不動產公司簽下交易契約時，美津穗忍不住當場溼了眼眶，坐在她身邊的雄太，只是一臉茫然的看著別處。

簽約之前，美津穗曾試探性的詢問雄太，可不可以讓自己也共同持有這棟房子，雄太很乾脆的答應了。美津穗猜測，可能是雄太覺得這間房子才兩百多萬，如果堅持要登記在自己名下，好像有點小氣；又或者雄太根本不知道共同持有是什麼意思，便隨口答應了。

總之，在新年時，他們一家順利搬進這間位在埼玉縣的老透天厝。

搬到新家後，美津穗決定先從二樓的兩個和室房間開始裝修。她先把能搬動的物品或家具先移到一樓；至於不好搬動的，則集中到另一個房間，並著手重新塗油漆。她先上網找資料，並根據網友的建議，買了一種叫做「油性木製品著色劑」的油漆，主要用來塗刷房子的木柱與天花板，單單這一道手續，就能替原本破破爛爛的老房子，營造出古色古香的氛圍，搖身變成帶有一點日式古民家風格的特色建築物。但塗刷過程相當辛苦，尤其是塗天花板時，要一邊舉高刷子、一邊忍受油漆滴在自己臉上，美津穗覺得自己就好像是在教堂天花板作畫的米開朗基羅。但是塗完後，看到整個房間煥然一新，美津穗開心的在主太面前又叫又跳：「變漂亮了對吧？變漂亮了對吧？真讓人開心啊！」圭太也用笑容來回應美津穗。

壁櫥的紙拉門已經老舊破損，甚至還有一些斑點髒汙，所以美津穗決定要換掉這些門紙。她先在網路上尋找ＤＩＹ的方法，發現正統門紙的替換法，需要先把門框拆下來，替換門紙之後再裝回去；但其實有更簡單的替代方案：直接在拉門上貼新壁紙。美津穗選擇了後者，她決定去買附黏著劑的壁紙回來自己動手貼，但是在顏色上猶豫了許久，最後選擇了安全保守的米白色。

一開始，美津穗把壁紙黏上紙拉門時，因為黏著劑含有水分，導致壁紙在拉門上看起來皺巴巴的、不太好看，沒想到隔天水分揮發後，壁紙竟然平整貼合在拉門上，一掃美津穗前一天失望的心情。

再來是房子的砂牆，原本砂牆表層有一點剝落，但幸好沒有惡化到底層的結構。砂牆是傳統日式建築的標準配備，美津穗本來想簡單改造成具有地中海風格的牆面，但如果要裝修，一定得用正統的灰泥塗刷，整個過程相當費工，美津穗便打消了念頭，只補上底漆、刷上一層填縫封壁泥，再用砂紙磨平，最後貼上壁紙了事。牆面的壁紙顏色，一樣讓美津穗猶豫良久，但她最後依然選擇了米白色。

整個二樓經過初步整理後，已經有點像是古民家所改建而成的特色咖啡館，只剩下地板還是原本的榻榻米。本來美津穗想要上網查詢，看有沒有什麼ＤＩＹ鋪設木地板的方法，但她後來發現，要把原本的榻榻米換裝成木地板，工程相當複雜，需要一點專業技術，便決定先鋪一層地毯就好，等之後要租出去時，再來考慮要怎麼處理。

至於一樓的地板，原本就鋪設了木紋地貼，但材質老舊、細碎的花紋也相當老氣；美津穗決定去附近的大賣場，挑選比較耐看的地貼來換。經過美津穗一連串的巧手改造，雄太對這間老房子的態度也逐漸轉變，甚至當美津穗想去大賣場挑選地貼時，還是雄太開著向鄰居借來的車，載著美津穗一起去採購。

老實說，住在娘家附近，可以把圭太暫時寄放在媽媽家，這對美津穗裝修房子來說大有幫助。她看著房子經過自己動手改造，一點一滴越來越漂亮，美津穗相當開心，她想自己或許還蠻適合從事這種居家ＤＩＹ裝修改造的工作。

最後也最複雜的一項工程，是老舊的衛浴設施，因為浴室的牆面與老舊的鍋爐型瓦斯加熱器，美津穗一時之間想不到解決方案，直到不動產業者提出建議，他們才找到解方，

「雖然這一區多半都使用天然瓦斯，但如果你們願意改用桶裝瓦斯的話，我可以介紹廠商給你們，他們會提供免費改裝翻修衛浴設備。」

「但桶裝瓦斯不是比較貴嗎？」

「是貴了一點沒錯，但與其自己花十幾萬日圓翻修衛浴設施，不如利用他們的免費裝修服務還比較划算。反正你們之後也打算把房子出租，這一帶比較平價的出租物件，幾乎都使用桶裝瓦斯！」

當美津穗猶豫之際，不動產業者又低聲加碼了關鍵性誘因，「而且……他們還會附送兩臺冷氣和對講機喔！」

「什麼？這些也能送給我們？」

「畢竟我們公司跟這家廠商往來很久了，如果是其他業者我也沒辦法。但是，一定要透過我們公司簽約才會有優惠！」最後，美津穗同意透過不動產業者，與桶裝瓦斯公司簽定十年契約，對方也依照約定幫他們改裝了最新款的浴缸，還在一、二樓各裝了一臺冷氣，以及門口的對講機，這些完全免費。為什麼桶裝瓦斯公司可以送這麼多免費服務，老實說美津穗也不懂，但她告訴自己，反正兩年後就要搬家了，不用糾結在這些事情上也無妨。

美津穗還利用多貸出來的款項裝修廚房，並替廁所添購了一臺免治馬桶；而廁所的牆壁與地板，則用多出來的壁紙與木紋地貼裝飾。整個家的氣氛漸漸明亮了起來。

圭太兩歲之後活動力大增，比以往更頻繁的在家裡跑來跑去，美津穗漸漸體會到住在透天厝的好處，因為不管圭太如何跑跳、跺腳或大聲哭鬧，都不用擔心樓下或隔壁鄰居來抗議。就算圭太在牆壁亂塗鴉也不用擔心，畢竟是自己的房子，只要在搬家前換貼新的壁紙就好。

但改用桶裝瓦斯之後的費用激增，尤其是改裝完成後的第一個月是初春，用量已經略為減少，但費用竟然接近翻倍，這讓美津穗嚇傻了。她立刻重新檢視全家的瓦斯使用方式，以前只有在製作鍋物料理時才會使用土鍋，但現在只要是燉煮類料理，她一律改用傳熱快、保溫效果好的土鍋，甚至還會在食材煮滾後，用報紙或舊棉被等把土鍋包起來，利用餘熱來保溫；而浴缸裡的熱水，不只加上蓋子防止熱氣散去，還特別添購一個鋁墊來加強保溫效果；就連泡澡後的水，也要拿來洗衣服或洗餐具，重複利用。

此外，美津穗在屋前不到一公尺寬的狹長庭院裡，種了香草與當季花卉，其他地方則鋪上草皮。夏天來臨時，她會在草皮上擺一個小型的塑膠充氣泳池，讓圭太在裡面玩水，圭太相當喜歡玩水，總會在裡面開心得咯咯大笑，不只可以節省家裡的冷氣花費，還能減少去泳池的門票開支。

某一天，雄太看著這個家，忽然說出：「住在透天厝裡，果然很不錯！」聽見雄太這句話，美津穗眼眶一熱、淚水湧了出來，她覺得自己的努力，終於得到肯定了。

但美津穗還有一件事情沒說。

只要再過半年左右，他們就能還清這間房子的貸款，在此之前，美津穗已經向許多家仲介公司提出自己新的需求：「我想要找一間屋齡較新的房子，最好是平成時期完工的便宜物件。」甚至還去車站前的物業管理公司，討論要把目前這間房子出租的事，並且跟銀行討論，看是否能用這間房子或未來的房租收入作為擔保，用來申辦新的貸款等。

美津穗並不打算讓雄太參與這些事，她早已決定，再也不跟這個男人討論任何跟錢有關的事，也不會再給他更多零用錢，更不會讓他管理家中財務。她希望靠自己的努力，讓兒子的未來不用再為錢所苦。

美津穗看著兒子與老公在狹小庭院裡開心玩耍的笑臉，暗自做出這個決定。

理財小知識

・哄抬轉賣，是指趁優惠或行銷活動時大量買進商品，再放在拍賣網站或二手平臺上轉賣，從中賺取價差或賺取點數回饋。

第五話
錢包在學習

平原麻衣子和齊田彩的願望，是還完六百萬日圓的學貸、結婚生子。
她們找到了「學貸的祕密網站」，希望得到還款訣竅，對方卻提出荒謬條件。
兩人在麥當勞討論該怎麼辦時，竟然遇到了⋯⋯。

距離發薪日還有四天。

平原麻衣子從錢包裡拿出一百二十日圓，在麥當勞買了一杯奶昔，她手上這個Coach黑色三折式短夾，是從網路拍賣平臺買來的二手貨。

付完錢之後，她看了一眼錢包，裡面還剩下一千六百五十二日圓，這還真是個窘迫的數字，好像能勉強撐到發薪日，但似乎又有點吃緊。不過，當她看見錢包裡閃閃發亮的銀色五十日圓硬幣，還是不自覺感到開心。麻衣子特別喜歡五十日圓的硬幣，正當她看著五十日圓硬幣胡思亂想時，另一名女性出現在她身邊。

「荷包空空，我又要吃土了！」齊田彩一邊坐下來，一邊嚷嚷著。

麻衣子忍不住笑出來，「真的嗎？我也是耶。」

「上週有個跟我交情不錯的同事要離職，大家辦聚餐歡送他，我又沒理由不去，只好捏緊荷包。」

「那我們就在這裡聊天好了。」這裡是新宿東口二樓的麥當勞，花上一百日圓就能喝到咖啡，而且只要找得到座位，無論待多久都不會被趕，更不用看店家臉色。

「妳會餓嗎？」

「不會喔！」麻衣子笑著拿起剛剛買的奶昔，在彩的面前搖了一下。

奶昔是麻衣子最喜歡的食物，小時候媽媽經常帶她去某間大賣場，賣場裡就有麥當勞。不過只有在媽媽心情不錯時，才會幫小麻衣子買一杯奶昔，但是那杯奶昔要跟哥哥一人一半，所以對麻衣子來說，奶昔代表了幸福的滋味。麻衣子常對彩說：「奶昔不只能填飽我的肚子，還能滿足我的靈魂。」

看著麻衣子手上的奶昔，彩微微一笑說：「那我也去點杯飲料。」便起身下樓。

坐在人家店裡就要貢獻一點消費，哪怕只是一杯飲料，才符合一般社會的基本常識。這些相近的細微價值觀，大概是她們能成為朋友的原因之一，而且她們還有一個共同點——經濟不太寬裕，但還是努力完成了大學學業。

「最近還好嗎？」彩拿著熱咖啡走回來，一邊坐下，一邊開口：「我跟妳說，我們總店的部長又再說那些讓人聽不懂的話了。」她們幾乎每個月都會碰一次面，平常也會用 LINE 聊天，對彼此工作環境中的大小事都瞭若指掌，只要開個頭，就知道對方在說什麼。

麻衣子邊聽彩抱怨，一邊猜想彩的荷包裡所剩下的錢應該跟自己差不多。雖然兩個人都是月光族，但有時候剛領完薪水，她們也會約在平價居酒屋，用兩百日圓點一杯

Highball，再配一點下酒菜，平均一個人只要一千出頭，就能開心的吃吃喝喝。

麻衣子是旅客服務中心的約聘員工，擔任客服接待人員，彩則是在一間包廂式卡拉OK工作，兩個人的工作地點都在新宿。彩畢業於東京八王子一所後段班私立大學，畢業後因為找不到其他正職工作，就在打工的地方一路做到正職。

麻衣子跟彩大概都是二〇一〇年時從大學畢業，那是日本三一一大地震的前一年，也是雷曼兄弟引發國際金融風暴後，景氣持續低迷的期間。有時她們會想，如果能再晚幾年畢業，或許就有機會進入一些上市上櫃的大公司，而不是像現在這樣，都快三十歲了，還沒有一份像樣的收入，過著捉襟見肘的生活。

麻衣子任職的旅客服務中心裡，一共有八名女性客服人員，恰巧一半是正職、一半是約聘，雖然麻衣子的年資最深，但是對其他同事並沒有管理權限。不論正職或約聘，大家的工作內容、薪資福利都差不多，但正職每年卻多了兩次「半個月薪資」的獎金紅利；約聘人員就不一樣了，能不能繼續做下去要看公司願不願意續約，如果公司不願意，這些約聘人員也沒什麼權益保障。

然而，在這間公司是正職員工或約聘人員，完全取決於畢業當年的市場景氣狀況。如果應屆畢業時，市場景氣還不錯，就有機會到總公司當員工；如果市場景氣不好，就只能到子公司當約聘人員，一切都靠時機與運氣，這兩樣麻衣子都沒有。每個月實領約十五萬日圓的薪資，幾乎是她全部的收入。

她目前住在距離新宿約一個小時車程的郊區，每個月除了六萬日圓的房租，還有一萬日圓的水電瓦斯費、一萬日圓的手機月租費，及一萬五千日圓左右的伙食費，另外還要給媽媽孝親費一萬日圓。每個月扣除這些必要開銷，只剩下四萬日圓左右，其中還得挪出三萬日圓來繳助學貸款，這是其他住在家裡的同事無法體會的事。

雖然她並不介意讓別人知道自己每個月十五萬日圓的微薄薪資，卻不願意讓別人知道自己生活拮据，甚至絕口不提學貸的事。因為在麻衣子剛進公司時，有一位跟麻衣子同期進公司的同事隨口說：「我有個朋友是靠助學貸款讀完大學的，他經濟狀況超窘迫，看起來好可憐喔！」周遭的其他人也紛紛附和：「真的好慘喔」、「我朋友也是這樣」。雖然這些人沒有惡意，也不是針對麻衣子，但她只能在一旁陪笑，從此之後，她再也沒辦法開口向這群同事說明自己的實際狀況。但現在回想起來卻很懊悔，如果同事們知道自己每個月有三萬日圓的學貸要繳，當大家相約聚餐時，自己就能大大方方的說：「我沒錢，沒辦法參加。」

麻衣子原本覺得自己隱藏得很好，但是某天中午，當麻衣子正大口吃著自己做的手工飯糰時，竟然有同事問她：「為什麼平原小姐要這麼努力存錢？」她嚇了一大跳，她以為自己表現得跟一般人差不多，沒想到省吃儉用的事還是被別人察覺到了。而且，就算麻衣子這麼省，還是連一塊錢都存不下來。

對麻衣子來說，同樣靠著助學貸款完成學業的彩，是那種不用多解釋什麼，就能互相體諒的朋友。

她們是大學時在棒球場打工賣啤酒認識的，兩個人差不多同期進公司。某次在休息室閒聊，知道彼此都背著助學貸款的沉重壓力，從此，彩就成為麻衣子獨一無二且無話不談的好朋友了。

彩從學生時代起，就一個人在八王子區租屋，她住的公寓每個月要四萬五千日圓。雖然八王子區的位置偏遠、交通不便，但至少是通勤可到的距離。彩的公司有提供交通補貼，況且她也沒有多餘的積蓄可以搬家，就住到現在。

「最近有個剛進公司的同事，他白天有其他工作，只有晚上才來卡拉ＯＫ打工。年紀不到二十四歲，雖然沒有背學貸，但是要把大學學費按月攤還給爸媽。」彩說。

「不是爸媽幫忙付學費？是先借給他的？」

「對啊！聽說當初有約定好要還，家裡才願意讓他去讀大學。」

「向爸媽借，總比我們向銀行借好吧？萬一臨時有什麼狀況，還可以討價還價，要求晚一點還之類的。」麻衣子看著彩的眼角畫著漂亮眼線，臉上的妝容十分精緻，果然是手很巧的女孩。

「我原本也這麼想……但完全不是這樣！他只要晚幾天匯錢，爸媽就會打電話來催討。他每天壓力都很大，那個同事還哭著說：『早知道就去申請助學貸款了。』雖然要多付一點利息，但在萬不得已時，還能勉強拖欠個幾個月。如果爸媽哭著打電話來要錢，又不能耍賴不還，也不可能斷絕親子關係。

「那個同事還說，現在像他一樣的人很多。有很多父母雖然勉強擠出學費供孩子上大學，但因為這筆錢幾乎是他們僅存的老本，所以會要求小孩在出社會工作後，一定要還給爸媽。大概是因為現在的父母也很擔心自己的老後生活，所以沒有辦法無條件的供孩子們讀大學。」說完之後，彩從自己的黑色 Coach 包中，拿出她引以為傲的迷你保溫杯，這是她在「三百日圓商店」裡挖到的寶；彩把剩下的半杯咖啡倒進保溫杯裡，然後打開化妝包、拿出眼影盒，用眼影盒裡的鏡子確認自己的眼妝狀況。麻衣子心想，她一定是想要把剩下的半杯咖啡，留到明天早上再喝。

除了皮夾以外，麻衣子的外出包也是 Coach 的黑色包款，但是尺寸比彩的包包要大上一些；因為麻衣子偶爾需要帶著公司文件移動，所以特別挑選能容納 A4 資料夾的款式。Coach 的黑色外出包是彩推薦給麻衣子的，她說這款包包不管出席任何場合都不會太寒酸，而且流通數量大，幾乎隨時都有新的同款包，以三千日圓含運的價格在二手平臺上販售。所以麻衣子也盤算著，哪天等包包用舊了，或許還有機會用一千日圓的價格脫手。

不只是包包，麻衣子連衣服都在二手交易平臺上買；只要在過季拍賣的時候，就能用約一千日圓的價格，買到平常車站百貨常見的服飾品牌。至於手機，則是使用綁約分期專案入手的 iPhone。因為工作要求，麻衣子都得把頭髮紮好並仔細畫上全妝才能上班。她一頭漂亮的髮色是自己手染的；而她的化妝技巧，是特別請教彩，才學會如何花最少的錢，利用百元開架彩妝品來完成細緻妝容。

她們在服裝造型與化妝打扮上都毫不馬虎，手裡拿著 iPhone，麻衣子有信心，光看她們兩個人的外表，大家應該很難發現她們每天只靠幾百日圓過活，甚至還有可能誤以為她們是手頭寬裕的上班族，待在麥當勞只是打發時間，而不是因為沒有錢去其他地方。

「好想交個男朋友喔！」在兩個人靜默了好一陣子之後，彩忽然蹦出這句話，「如果有另一半的話，就能互相照應……但妳不要誤會！麻衣子對我來說也很重要！」彩說到一半，急急忙忙補充道。

「我知道妳的意思，我也有同感。」麻衣子心裡確實這麼想，男人跟閨密，畢竟還是不一樣。彩一聽到麻衣子這麼說，露出放心的表情，兩個人也再次確認彼此之間什麼都能聊、什麼都能理解。

「但是，絕對不能跟男朋友說助學貸款的事！如果讓對方知道自己背了這麼大筆債務，兩個人的關係絕對會生變。我死也不想讓對方知道這個祕密。」麻衣子一邊說又暗暗想著，早知如此，當初是不是不要勉強讀大學才對？但如果沒去讀大學，說不定現在連這份工作都沒有。麻衣子通常不太主動提助學貸款的具體數字，但還是忍不住開口問彩：「妳的助學貸款還剩多少？」

「還了大約三百萬日圓左右……應該還剩下三百萬日圓吧。」

「我也差不多是這個數字。」

「好想要一份簡單、普通的幸福就好。能跟喜歡的人一起建立家庭、撫養孩子。」兩個人都心知肚明，夢想終歸只是夢想，要實現談何容易。

「只要再撐一下，四十歲左右就能還清，況且彩是個大美女，一定沒問題！」

「麻衣子看起來也很年輕，也一定沒問題！雖然生小孩或許有點勉強，但只要對象值得依賴就好！」儘管兩個人都是真心稱讚對方，但不知道為什麼，聽起來總覺得有點空虛。

「嗯……對了，我去買個漢堡分著吃吧，我請妳。」或許是面對現實的痛苦太沉重，彩馬上改變了話題。

§ § §

麻衣子出生在日本中部地方的S市，家裡有爸爸、媽媽、哥哥和自己，是常見的四人小家庭；但在麻衣子小學時，爸爸因為心臟病過世，家裡頓時風雲變色。為了支撐家計，媽媽白天在超市打工，晚上則去工廠幫忙清潔；偶爾在麻衣子起床前，媽媽還會去清晨的便當工廠裡幫忙，一直到麻衣子要上學了才回來。

等麻衣子上了國中之後，媽媽身體出現了異狀，她常說累到晚上睡不著，甚至在麻衣子放學回家後，發現媽媽還在家裡睡覺。後來去醫院檢查，媽媽被診斷出有輕度憂鬱症，為了休養，媽媽只勉強維持超市的打工，其他時間都窩在家裡；家計重擔自然落在讀高中的哥哥身上，但哥哥對這一切十分不滿，經常在深夜打工結束回到家後，悶不吭聲的踹牆壁、砸東西，最後還對媽媽惡言相向。高中一畢業他就離開家裡，直到現在都不知去向。

等麻衣子升上高中，也開始在超市或連鎖餐廳打工。她在打工時所認識的前輩、同事或歐巴桑，每天都抱怨只有高中畢業找不到像樣的工作、好想找輕鬆一點的工作，這讓麻衣子萌生非讀大學不可的念頭。

她深深相信，如果不念大學，自己一定會跟這些人一樣，永遠待在這裡、做著類似的工作，每天抱怨同樣的事。於是高三時，她開口拜託媽媽，無論如何都要去念大學，並約定自己會申請助學貸款完成學業，之後也會繼續打工補貼家用，才終於得到媽媽同意。

上了大學後，媽媽的情況逐漸好轉，在區公所人員的介紹下，媽媽搬到租金比較便宜的公營住宅，靠著麻衣子每個月的孝親費，跟一點自己的打工收入，勉強生活。

在申辦助學貸款時，麻衣子選擇了學雜費與生活費的全額貸款，每個月會撥款十二萬日圓；又因她有低收入戶的資格，所以其中六萬四千日圓的利息由政府補貼，但超出補貼額度的利息，未來還款時要自己負擔，但麻衣子心想，只要大學畢業，便能進入一般公司就業，償還助學貸款應該沒什麼問題。況且，她高中時的班導也曾鼓勵她：「平原同學，妳的成績不錯，就算要靠助學貸款才能升學，最好還是去讀大學比較好。」但當時老師也完全沒有提過任何關於如何償還助學貸款的事。

當初在選擇大學科系時，麻衣子考慮到自己的性向以及未來職涯的規畫，特別選擇了觀光系。雖然她幾乎沒什麼旅遊經驗，但是之前參加校外教學活動時，自己玩得很開心；所以她想，如果能以旅遊為工作，不只有機會去遠一點的地方看看，還有錢拿，簡直是夢想般的職業。

就讀大學期間，她也嘗試了各式各樣的打工，還租了一間小公寓開始一個人生活，期間更認識了一些新朋友，度過一段比想像中還要開心的時光。

沒想到在畢業前夕，因為雷曼兄弟引發的金融風暴，日本景氣變得相當惡劣。原本麻衣子希望能在旅行社找一份正職卻到處碰壁，只好退而求其次，先找一份跟觀光旅遊相關的事業，所以便到了目前這間旅客服務中心擔任約聘的客服接待人員。

麻衣子知道，總有一天自己必須肩負起照顧媽媽的責任，但是在那之前，她想要盡情擁抱自己的人生，所以現階段，她完全不考慮回家鄉謀職，因為一旦回老家，就代表自己將在照顧媽媽的晚年生活中，一點一滴的老去；何況就算回去了，也不見得就能找到比現在收入更好的工作。

雖然麻衣子的工作內容幾乎跟正職一樣，但無論待多久都不可能有升遷機會，薪水也不會調漲，更不可能轉正。不只週末要輪班，公司還要求員工要穿黑色或深藍色套裝，但又不提供制服，也不補助治裝費，還規定他們的髮型與妝容，這些花費都得自己負擔。不過，麻衣子並不排斥與人接觸，也不討厭這份工作。

跟彩見面的隔天，當麻衣子上班時，她的主管正待在旅客服務中心後方的辦公室裡。這間辦公室約有八張榻榻米大，主管擔任課長職位，也是從總公司派來的正職人員。他主要負責管理服務中心的八名女性客服人員；但他整天都窩在辦公室的角落裡打電腦，還刻意挑了一個不會被看見電腦螢幕的位置，以至於大家都不知道他上班時究竟在做些什麼。

唯一一項明確由他經手的業務，就是每個月幫大家安排班表。明明就只是一件再簡單不過的小事，他卻還是常常出錯，沒有辦法按照大家需求處理好班表，只要一想到還得去跟他當面溝通修改就覺得很麻煩，大家便乾脆私下協調換班了事。

「耶！」麻衣子才剛踏進辦公室，就聽見課長大聲歡呼的聲音，手上還拿著一個信封不知道在幹嘛。

「怎麼了嗎？」原本應該要無視他，但是課長的舉動太突然，麻衣子還是忍不住接了話。課長滿臉笑容向麻衣子招手：「剛剛拿到總公司發來的明細表，是下一次的獎金發放明細！我的獎金終於要突破一百萬日圓了！」課長滿臉得意的把信封裡的明細炫耀給麻衣子看。

這間旅客服務中心的總公司原本是國營企業，後來民營化之後，多方涉足各種相關產業，並設立了許多子公司與關係企業，而位在日本東京首都圈內的「旅客服務中心」就是其中之一。

聽說這名課長原本在總公司服務，但因為什麼都做不好，所以在這些不重要的單位之間調來調去。但畢竟是總公司正式錄用的員工，就算他每天只會打遊戲跟掛在推特上，什麼正事也做不好，但下次發獎金時，還是能領到超過一百萬日圓的獎金。人生就是這麼不公平，據說連在這裡上班的正職女同事們，在薪資待遇上也有明顯的世代差異，麻衣子壓抑著強烈的不滿情緒。

「對了！我有事情想請妳轉達給其他人。」課長的眼神又縮回電腦螢幕後面，「總公司目前正在精簡人力，想徵求在子公司或關係企業內，有沒有自願離職的同仁。如果有的話，可以找我申請，現在接受自願離職方案，公司會額外支付補貼費用，但如果人力精簡狀況不如總公司預期，會不會有什麼其他措施也很難講，例如像平原小姐這樣的約聘社員，可能會考慮不再續約。如果自願離職的人數可以一次到位就好了。」

麻衣子心想，課長唯一的好處就是笨，不會把事情想得太複雜，總是有話直說。「如果是我提出離職申請的話，也能領到補助金嗎？」

「如果是像麻衣子這樣的約聘社員，應該也會有幾十萬日圓吧？畢竟妳在這裡的年資只有七、八年，能拿到這個價碼已經算很高了。我們公司很不錯啦！身為前國營企業，這些事情都會好好處理的。」

為什麼這種笨蛋課長，可以輕輕鬆鬆拿到超過一百萬日圓的獎金紅利？而一直認真工作的我，卻只能拿著幾十萬日圓的補助金，摸摸鼻子走人？一想到這，麻衣子心中滿滿不平衡，但比起怒氣，她更擔心自己可能會失去這份工作。

§　§　§

三十幾歲的日本女性很難找到好工作，這一點從以前到現在不曾變過，就算到處都缺人手，但開出來的薪水依舊低得可憐。以前在跟彩聊天時，兩個人還曾經考慮要不要乾脆下海去做八大算了，但也只是在試探彼此，但現在都快逼近三十歲，就算真有膽去做，也快要沒有機會了。

發薪日當天，麻衣子一邊煮著義大利麵，一邊胡思亂想。

她在業務用的量販超市，用一百二十九日圓買了五公斤白米，又花了八百七十日圓買了五公斤義大利麵。這兩款主食是麻衣子家中必備食材，只要有米跟義大利麵，就能用最低限度的花費來餵飽自己，所以備妥這些食材總是讓麻衣子很安心。

白米主要是捏成飯糰當作午餐便當，為了變換口味，麻衣子晚上多半會選擇吃義大利麵，例如今天的晚餐，麻衣子要煮的就是貧窮版高麗菜橄欖油香蒜義大利麵。她先煮好義大利麵，再用沙拉油熱鍋，把高麗菜絲跟義大利麵一起拌炒，因為買不起橄欖油、大蒜、辣椒等調味料，只能簡單灑上胡椒鹽調味，最後再加上一顆自己做的半熟溫泉蛋。高麗菜一顆只要九十八日圓，一盒雞蛋也只要八十八日圓。

雖然這道義大利麵的口味跟賣相都不差，但麻衣子一想到課長說的話就一點食慾也沒有。如果自願離職的人數不夠，總公司可能會裁員，到時候像她這種約聘人員，一定會被最先拿來開刀。

約聘人員的合約每半年一簽，這一期的合約會在明年三月到期，下次能不能順利續約，都掌握在公司手上。還是要趁現在有幾十萬日圓的補貼金可以領，先主動提離職比較好？但她最後得出一個結論：自己要在公司待到最後一刻。因為自己現在所有的擔心可能是杞人憂天，說不定會有很多自願離職的人；況且，大家現在都已經忙到沒時間請假了，如果總公司知道這種狀況，應該會了解他們這個單位沒有縮減人力的空間。

「說到底，這些情況都需要課長主動爭取，總公司才有可能知道我們的實際狀況，但那傢伙辦得到嗎？」義大利麵漸漸冷掉、半熟的蛋黃凝固在盤子上，整盤麵看起來變得好難吃，但不吃又太浪費，只好硬塞進嘴裡。

麻衣子又嘆了一口氣，心情就像是臭掉的生雞蛋。

可以臨時見個面嗎？我有一件事想討論，就約在我們常去的那間麥當勞好嗎？

大概在公司宣布招募自願離職者的一週後，麻衣子收到彩傳來的訊息。

公司發布精簡人力的消息，並沒有在麻衣子周圍的同事間激起什麼漣漪，就連麻衣子主動提起這個話題，其他女同事們的反應也很冷淡，大概是因為除了麻衣子外的其他同事，年紀大約二十五歲而且還住在家裡，換工作對她們來說，不會有什麼立即的影響，所以也沒有很在意這件事。日子就這麼一天天的過去，麻衣子也不知道申請自願離職的人數，是否已經達到公司預期。

好喔！剛好我也有事情想跟妳說……。

麻衣子馬上回覆訊息，畢竟距離上次見面也過了一個多星期了，麻衣子也想跟彩聊聊自願離職的事，順便更新一下兩人的近況。她心想，如果有個對象能讓自己吐吐苦水，心情一定會輕鬆不少。

但彩約出來見面的原因，完全超出了麻衣子的想像……。

「妳看！」彩指著螢幕說。這次見面，彩很罕見的把家裡的筆電背了出來，「雖然手機也能看，但用筆電比較清楚。」彩點開了某個網站，將首頁秀給麻衣子看。

「這是什麼？」在全黑的網頁上有一行白色的字，寫著「學貸的祕密網站」。

「有個大學生在我上班的卡拉ＯＫ店裡打工，他聽說我背學貸，就告訴我這個網站。他說這個網站在網路上有點討論度，說不定能解決我的問題。」

過沒多久，畫面上出現了紅色花瓣飄落的動畫特效，似乎是套用了某種網頁語法，但字體非常老派，看起來不像是公司行號所製作出來的商用網頁，給人一種粗糙又不舒服的感覺。畫面裡的紅色花瓣忽然越來越大，等紅色花瓣填滿螢幕後，網頁邊緣冒出了大量彷彿鮮血流下來的動畫特效。

「哇！」就在她們兩個人驚呼時，螢幕畫面又亮了起來。在整片白色中，出現一行黑字寫著「歡迎來到『學貸償還祕笈』的世界」。

彩盯著螢幕說：「接下來才是重點。」接著移動游標點擊標題，畫面上出現了另一個網頁。只見網頁上一連串密密麻麻的亂碼，正當麻衣子要開口抱怨時，彩眨了一下眼睛說：「等等喔！雖然看起來像亂碼，但應該是網頁的原始碼，有幾個地方漏掉了，只要把幾個缺漏的地方補進去，應該就能看到原本的樣子。」彩一邊說，一邊複製網頁上的原始碼，然後打開文字編輯器，把剛剛複製的內容貼上，並飛快的敲打著鍵盤，在一整串亂碼中補上一些字母和語法符號。

「原來彩會寫程式？太厲害了吧！」

「只有在大一時短暫學過一小段時間，但我也沒辦法自己寫出一些什麼。」把網頁原始碼缺漏的地方修補完成後，彩再次按下 Enter 鍵，畫面上出現了一段文字。

只見網頁上的文字寫：「有助學貸款困擾的人請跟我聯絡，我會教你不為人知的還款祕訣；被助學貸款打亂人生的人請跟我聯絡，我會教你只有我才知道的還款祕訣。這個世界上的壞人很多，但只要能掌握關鍵資訊，就能掌握自己的人生，『知道』或『不知道』，就是影響你人生最關鍵的奧祕，我會讓你的人生和現在完全不一樣。信或不信，全都取、決、於、你。無名氏。」文字下方留了一個電子郵件信箱。

「感覺怪怪的，不太舒服……。」

「我之前還聽過一個謠言，說只要寄信到這個網頁上的信箱，對方就會回信。內容會教導一些學貸的還款訣竅，或是怎麼樣可以不用還學貸之類的。」

「感覺很可疑呀！」麻衣子馬上提出質疑，「搞不好是新的詐騙手段，說不定對方想要竊取我們的個資？或是在我們的電腦植入惡意軟體？」

「就算是這樣，我們也沒什麼好損失的，畢竟這臺筆電這麼破。」

麻衣子心想，我們這兩個年近三十的熟女，確實也談不上什麼價值。

在彩的堅持下，她們申請了一組新的電子郵件帳號，並寫信給對方，信件內容寫得很簡短，只寫「我有償還學貸的困擾，如果你有方法的話，請教教我」。

發完郵件後，麻衣子跟彩正聊著公司裡在招募自願離職者的事。

彩看了一眼電腦，「哇！對方已經回信了！」兩個人便開始嘰嘰喳喳的討論起來，「怎麼辦怎麼辦？會不會一點開郵件，電腦就中毒了？」但是不點開也不知道對方想幹麼，最後還是決定看看。

請提供姓名、年紀、生日、地址。

郵件內容就只有這短短的一行字。

「算了啦，這一定有問題！妳看他不是寫『出生年月日』，而是寫『生日』，又不是小孩子！」但彩似乎已經下定決心，她開始打字回覆：田中彩佑、一九八八年……

「誰是田中彩佑？」

「隨便亂寫的，反正先回信看看。」

等寫到地址時，彩稍微猶豫了一下，接著填了卡拉ＯＫ的總公司地址。信件剛送出沒多久，就接到對方的回信：「請提供照片。」兩人不禁對看了一眼。

「算了啦！」麻衣子「砰」的一聲闔上了筆電，想打消彩的念頭，「這一定是惡作劇！不然就是那種以看別人苦惱為樂的心理變態！」

「沒關係啦！都到這裡了，再試一下下就好。」彩從麻衣子手上拿回電腦，接著隨便在網路上抓一張寫真偶像的照片，附檔傳給對方。照片中的女孩只有髮型跟髮色跟彩有那麼一點點像，其他根本八竿子打不著。

在發完照片後，兩個人又開始聊了起來，「其實，課長勸我自願離職。」

「咦？」彩的嘴裡咬著吸管在喝冰咖啡，聽見麻衣子的話，眼睛都瞪大了。

於是麻衣子把她跟課長的對話，原原本本的向彩重述了一遍，但彩聽完之後開口安慰麻衣子：「他沒有要妳自願離職啦，不用擔心！」

「是這樣嗎？他沒有這個意思嗎？」

「沒有啦！妳不要想太多。」這句話聽起來像在安慰麻衣子，也像在安慰自己。「啊、對方又回信了。」彩看向電腦。

見面之後就教妳。明天晚上七點，在新宿東口的連鎖咖啡廳 Renoir 見，但別以為我會免費教妳喔！

看著回信，兩個人面面相覷。

「約在公眾場合，還是 Renoir 這種上班族常去的咖啡店……看起來是認真的，我說對方啦！信上說的時間我可以，而且就在新宿，下班後直接去也沒關係。」

「但他說不是免費教耶！」麻衣子發現彩的臉色有點難看。明明在這之前都是彩堅持要跟對方聯繫，但是看到對方要求見面，彩竟然開始害怕了起來。

「那我們就不要去。」麻衣子說得很乾脆，「這件事一定有問題，到時候對方一定會提出很不合理的要求。」她趁著彩還在猶豫時把電腦搶過來，刪掉所有信件，再次重申：「聽好，絕對不要被這種邪門歪道的話術騙了，只要我們一起努力，認真還學貸，總有一天會把負債還清、恢復自由的！」

「妳說得沒錯，不好意思啦！」

「沒事、沒事。」麻衣子有股想要緊緊擁抱彩的衝動。

此時，她也在心中默默下定決心。

與彩分開後，麻衣子坐在回家的電車上，手上拿著手機、心跳不斷加速，整個人非常緊張，但她還是鼓起勇氣在手機上開始寫信。

她還記得剛剛那個無名氏的信箱，因為帳號是某個知名動畫角色的名字，@後面的網域則是一般常見的免費信箱，所以不難記。

你好！剛剛發信給你的田中彩佑明天不會去。我是她朋友，明天由我去可以嗎？

發完信之後，過好一陣子都沒收到對方的回覆，當麻衣子回到家時，才看見手機閃著郵件通知的提醒燈號。

請提供姓名、年紀、地址、性別、照片。如果其中有任何一項是假的，我就不會再跟你交易了。

麻衣子閉上眼睛，其實打從她對彩說「我們不要去」的那一刻起，她就已經做好決定。

真的很抱歉。我叫麻衣子，三十歲，住在足立區，性別女，以上是我的資料，再多的不能說。

接著，麻衣子挑了一張臉部比較模糊的照片，用App修圖加工後，裁切下來傳給對方。

沒想到訊息剛發出去，對方立刻回信了。

如果有申請助學貸款，應該會有相關資料。請把助學貸款的學號或還款單號之類的資料翻拍傳過來。

麻衣子乖乖依照指示，把那些資料找出來翻拍傳給對方。

明天，就依照剛剛信裡所說的時間與地點碰面。
只要直接去 Renoir 就好了嗎？我還需要做什麼嗎？
到時候我會主動跟妳聯繫。
需要付錢之類的嗎？

麻衣子問完這一句後，就再也沒收到對方的回信。

§ § §

隔天，麻衣子一下班，便直接前往Renoir。

走進咖啡館，麻衣子打量著店裡的客人，有一群看起來在開會，還有幾個正在處理公務的上班族，以及幾個正在發呆、喝咖啡的年長者。麻衣子心想，難道「無名氏」是他們其中之一嗎？

「一位嗎？」咖啡館裡的服務生問。

「我約了人，但對方應該晚點到。」

女服務生帶領麻衣子前往店內後方的空位；她跟在後面，用眼神搜尋店裡哪一個可能是那個男人。她看見某個座位上，有一名穿著運動服、看起來有點肥胖的男生。麻衣子心想，難道就是他？但是當麻衣子走過他身邊時，他連頭都沒有抬起來。

麻衣子坐定位後，點了一杯冰咖啡。這杯冰咖啡的價格是麥當勞的七倍，但是喝在麻衣子口中，卻絲毫感受不到任何味道或香氣。就這麼在店裡坐了半個小時，正當她猜想這一切會不會根本就是一場惡作劇時，有一名男子在她面前坐下。

「不好意思，這裡……。」正當麻衣子要開口請對方離開時，她抬頭看見一名穿著灰色西裝的男子。

「妳是麻衣子？」眼前這名男子年約四十，中等身材，看起來相當普通；但是他的眼睛又細又小、眼角下垂，有點像是某個知名的脫口秀表演者。乍看之下感覺人還不錯，但因為只看得到黑眼珠，無法察覺對方的情緒或表情，總覺得不太自然、有點可怕。

「妳說妳有償還學貸的困擾？」對方若無其事的開口問，但是因為說得很小聲，麻衣子為了聽清楚對方說的話，就算覺得不太舒服，還是把身體稍微往前靠。

「沒錯。」

「就像我在網頁上說的，我知道怎麼擺脫學貸。」對方移開視線後說：「妳願意用身體來支付諮詢費嗎？」

「什麼？」麻衣子一時之間不敢相信自己的耳朵。

「等一下到了飯店之後，照我所說的做，結束後我就會告訴妳。」

眼前這個男人才坐下來不到五分鐘，就開口要求麻衣子用身體作為交換代價；雖然麻衣子也不是沒想過這種可能，但真的聽到對方說出口時，還是很錯愕。只見對方抖著腳，完全不看麻衣子，自顧自的環視著店內狀況。

「照你說的做，是什麼意思？是要發生肉體關係的意思嗎？」對方沒吭聲，只是點了點頭。

「不願意就算了。」

「不能直接付錢嗎？」

聽到這裡，對方突然看向麻衣子，笑著說：「直接付錢？麻衣子有錢？付得起嗎？」聽見對方直呼自己的名字，麻衣子嚇得身體縮了一下，覺得自己好像被當成對方的所有物。

「是沒有很多，但我也不知道要付多少？為什麼你不去那種只要付錢，就能買到服務的地方？」

「我不喜歡那種太商業化的運作模式，我只對有抗拒或懷有罪惡感的女人感興趣，看著她們勉為其難的樣子，會讓我特別興奮。風俗店裡的女人就算一臉委屈，也只是在演戲罷了。」

麻衣子抬頭看見對方正對自己猥褻的笑著，想到自己不情願的表情，剛好就是對方興奮的理由，麻衣子不由得一陣噁心。

「妳聽過『性用貸款』嗎？」對方開口問，「就是用身體來還債，或是支付利息。因為我不缺錢，所以會用這種方式借錢給需要的人，麻衣子著可以付多少錢，其實一點都不重要。」

麻衣子忍不住嘆了一口氣，儘管她知道自己每一個絕望或厭惡的反應，都會讓那個男人更開心，卻還是沒辦法控制住這些負面情緒。

「來呀，一起來尋開心啊！結束之後，我還會教妳償還學貸的祕訣，甚至以後如果有需要，我還能幫妳周轉。雖然麻衣子不年輕了，但外表看起來不算太老，挺不錯的。最近來跟我借錢的女人都是一些熟面孔。妳真心抗拒的樣子，比起那些女人，更讓人感到新鮮又興奮啊！」

看著麻衣子一聲不吭，對方不耐煩的說：「算了啦，只要有錢，願意做的女人多得是。如果妳那麼不情願，那我要走了。」說完便起身準備離開。

「等等……！」

聽到麻衣子的聲音，那個男人又坐了回來，笑著說：「妳少說『請』。」

「請、請等等。」

「妳決定好了嗎？」

「你真的會教我擺脫學貸的方法嗎？」

「嗯。」說完，那個男人從皮夾裡拿出一張名片大小的房卡，遞給麻衣子說：「到了這間飯店之後，只要跟櫃臺說妳是麻衣子就行了。」然後露出一個不知道是安撫，還是鼓勵她的親暱笑容，離開了咖啡館。

麻衣子呆呆的看著手中的房卡，怎麼也忘不掉那張厚顏無恥的笑臉。

§　§　§

離開咖啡館，麻衣子才發現手機上顯示了好幾通未接來電，都是彩用 LINE 打來的。

麻衣子回電給彩，只聽見她一派輕鬆的問：「麻衣子昨天說的那款面膜，是哪個牌子啊？我現在人在新宿的松本清。」

麻衣子前一刻還陷在痛苦的情緒中，與電話那頭一派輕鬆的彩天差地遠；但也幸好有彩那開朗的聲音，才把麻衣子拉回再普通不過的日常生活中。

「就是昨天碰面時，妳不是說妳同事的媽媽皮膚狀況超好，臉上一個毛孔也沒有，聽說是從年輕到現在，都用某個牌子的面膜。我忘記妳說的是哪個了？」麻衣子隱約記得昨天好像跟彩聊過類似的話題，但現在大腦太過混亂，一時之間也想不起來是哪一款，只好勉強回答：「啊！妳說那個啊？但我現在也想不起來……好像不是一般的美妝保養品，是她自己用健康食品的粉末加水調和後，塗在臉上的東西，我現在還有事要忙，晚一點再打給妳！」麻衣子覺得自己若繼續跟彩講電話，會控制不住情緒而爆哭，而且她也擔心自己的決心受到動搖，便在彩還來不及回應前，匆匆把電話掛斷。

看著房卡上面所寫的飯店地址，大概是在歌舞伎町附近，正當麻衣子把地址輸入手機中尋找方向時，彩又用LINE打了過來。這次麻衣子完全無視來電通知，只是悶頭照著導航指示往前走。隔沒多久，換響電話鈴聲，一樣是彩打來的，但這次是直接撥麻衣子的手機號碼。在昏暗的街道上，麻衣子的電話鈴聲響個不停，連走在前方不遠處的一對情侶都忍不住回頭看了一眼，逼不得已，麻衣子只好慌慌張張的接起電話。

「麻衣子，妳現在人在哪？」彩的語速非常快，聽起來相當焦急。

「不好意思，我現在在忙，晚一點再打給妳好嗎？」

「難道妳要去跟那個男的見面？」聽到彩這樣說，麻衣子終於停下了腳步，「說話啊！麻衣子，妳要去跟那個男的見面對吧？」

「我不是說晚點會打給妳了！」就當麻衣子打算直接掛掉電話、把手機移開耳朵前，她聽見彩在電話那頭說：「我知道！因為我明天也約了那個男的見面。」

「什麼？」麻衣子不自覺的握緊手機。

「我也跟他約好明天要見面了。昨天回家後，我想了又想，最後改變心意，所以半夜聯絡了他。他原本說要約今天，卻臨時說有事，要改約明天。他說的有事，就是要跟麻衣子碰面對吧？」

「為什麼？彩不是說不會再跟對方聯絡了嗎？為什麼要這樣？」

「因為……因為我不想讓麻衣子跟著我一起冒險，所以打算自己先去打聽方法，如果只有我一個人，不管對方提出什麼要求，忍耐著配合一下也就是了。等我把方法問出來，就能跟麻衣子分享……我是這麼打算的。」

麻衣子同時湧上感動與悲傷的情緒，原來彩也跟自己想的一樣。

「我打了好幾通電話給妳，妳都沒接，但妳昨天又說今天有空，我才想……。」

「我跟彩想的一樣，我不想讓彩跟這麼噁心的男人見面！」

「麻衣子不要去，回來吧！我現在人在新宿，我立刻過去找妳！拜託妳千萬不要去。我發現麻衣子可能會跟那個男人見面之後，我才知道我錯了，我沒有仔細思考就聯絡對方，太衝動也太莽撞了；我絕對不允許妳去跟這麼危險的傢伙見面。而且，不論是我或麻衣子的家人、甚至是我的家人，他們肯定不願意讓我們去做這種事。

「學貸的事，我們再一起想辦法吧！如果最後真的走投無路，到時就算我們兩個人一起去見那個男的也行。」

「但是彩，我已經厭倦了這樣的生活，我們到底還要忍多久？撐多久呢？」

「只要我撐過今天……。」

聽到麻衣子這麼說，彩也一陣靜默。

「不行！這絕對不行！如果這個擺脫學貸的方法要犧牲麻衣子，那我說什麼也不會用。我怎麼可能會犧牲最好的朋友去換這件事呢？如果換成是麻衣子，妳會接受我這麼做嗎？」麻衣子也覺得彩說得沒錯。

「拜託！妳就聽我的。我現在馬上去找妳，妳人在哪？」

「歌舞伎町。」

彩又連續問了好幾次，麻衣子才發現自己已經發不出半點聲音了。

§　§　§

彩在歌舞伎町的某條小巷內，找到了正蹲在路邊哭泣的麻衣子，她什麼都沒說，扶著麻衣子的肩膀，走到她們常約見面的麥當勞，點了一杯咖啡與奶昔後，到二樓的座位區，找了一個四人座的位置坐下。

幸好晚上八點後的麥當勞客人不多，麻衣子一邊喝著奶昔，一邊把剛剛發生的事，一五一十的告訴彩，彩聽著麻衣子的描述，也跟著她一起流下眼淚。

「不、不好意思。」正當麻衣子說到那個男人遞給她一張房卡、飯店在歌舞伎町附近時，她們的座位旁邊冒出一個陌生人的聲音。麻衣子嚇了一跳抬起頭，看見原本坐在她們隔壁的女人，正站在座位前，拿著一條小手帕要遞給流眼淚的麻衣子。

眼前的人看起來比自己大了兩、三歲左右，她穿著黑色毛衣、黑色褲子，還有黑色外套；雖然一身黑，但每一樣看起來都是名牌貨，就連她座位上的黑色手提包，也是迪奧（Dior）的，桌上還放了一臺MacBook。

「沒關係……不用麻煩了。」麻衣子慌慌張張揮手拒絕，心想怎麼能拿陌生人的手帕來用呢？這也太難為情了吧。

「沒關係，這條手帕是百元商店的便宜貨，妳就拿去吧！我剛剛聽到妳們的對話，妳們有助學貸款的困擾？」

聽對方問得莫名其妙，麻衣子和彩不禁納悶的對望了一眼。

「或許我能幫忙上一點忙。」對方接著解釋。

麻衣子覺得更詭異了，這個女人不只偷聽她們講話，還藉故來搭訕，該不會是想推銷什麼莫名其妙的商品，或是想說些話術來誆人吧！便朝彩的方向使了個眼色，彩也有同感，起身說：「不好意思，我們突然有點急事。」

「抱歉抱歉，我不是什麼可疑的人！」女人急急忙忙從包包裡拿出名片，並遞給麻衣子跟彩，上面寫著善財夏實，名片背面則寫著一串地址，在惠比壽那裡。

「還有這個。」女人又拿出一本書擺在她們面前，書名是《想婚的女生請用粉色錢包》，書上作者寫的正是「善財夏實」。

「啊、我知道這本書！」彩看到書後，有點興奮的說：「我曾經看過店裡的打工妹妹在看這本書。」

這個自稱是善財夏實的人，臉上終於露出輕鬆的微笑，親切的道：「不介意的話，這本書就送給妳們吧！」麻衣子還是半信半疑，畢竟只有書跟名片，也沒辦法證明眼前這個人就是善財夏實。

看麻衣子似乎還有一點疑慮，善財夏實便翻開書，指著內頁的作者照片，證明作者就是她本人。可能因為拍攝時有專業的髮妝跟後製，照片裡的女人比眼前這位看起來還要年輕個五歲，但確實是同一個人沒錯。

「所以您有什麼事嗎？」麻衣子小心翼翼的開口詢問。儘管確認了對方的身分，但麻衣子還是覺得這個叫做善財夏實的人突然向她們搭話有點恐怖。

「我想知道更多關於妳剛剛所說的事，如果可以的話，方便讓我採訪妳們嗎？訪談內容大概會包括妳們的出生背景及經歷等。對了，我有理財規畫師的執照，多少知道怎麼有效處理助學貸款！」

「只要跟妳聊天就可以了嗎？」彩好奇的往前坐了一點。

善財夏實彷彿看到了好機會，順勢說道：「不介意我也坐下來吧？站在這裡跟兩位講話，好像太引人注目了。」她邊說還邊露出一個促狹的笑臉，看起來不像是想像中嚴肅作家的樣子。麻衣子心想，如果只是聊聊天應該還好，便把空位上的東西移開，讓出一張椅子給對方。

「我想採訪兩位的故事，並以文章的形式公開發表。當然，姓名、年齡、出生地等個資都會經過修改，不會讓任何人知道是妳們。而且在發表文章之前，也會先讓兩位確認過內容。」

聽完善財夏實的說明，彩看向麻衣子，但麻衣子還是歪頭猶豫著，畢竟她對眼前這名女性還是充滿疑慮。

「如果妳們願意接受採訪，我答應在兩位還清助學貸款之前，都會盡力幫助妳們，而且，在採訪的這段期間，我還會支付兩位兩千日圓的時薪，如果有用餐、飲料等花費也都由我支付。」善財夏實豪爽又堅定的開出條件。

「兩千日圓？」麻衣子忍不住開口又重複了一次，好像有點動搖的看向採，並觀察她的反應。

「我覺得好像可以試試看耶！只是說話應該沒什麼關係吧？我們有兩個人，對方又是女性，死馬當活馬醫囉，反正我們也沒什麼可以失去了……。」

沒錯！和那個男人見面、體驗過那種恐怖滋味後，麻衣子深深認同，自己已經沒什麼可以失去了，最糟也不過就是現在這樣。

「而且，我也想要看看自己的事被寫成文章會是什麼樣子？畢竟我從來沒有被人採訪過。」聽完彩的回答，麻衣子也有點感興趣，她也想知道像善財夏實這種作家，會如何描寫自己的故事。

「那就從妳開始吧！」善財夏實先對彩說，又轉頭看向麻衣子，「先看看實際的訪問狀況，妳也比較好做決定吧？」

「現在馬上開始嗎？」麻衣子有點訝異。

「改天也可以，如果其他時間你們會比較方便的話。」

「現在沒問題！」彩回答的相當乾脆，麻衣子看彩沒有猶豫的樣子，輕輕點點頭，心情也稍微放鬆了一點。

善財夏實打開筆記本、拿出手機問：「我可以錄音嗎？」這一瞬間，彩與麻衣子才意識到這不是說著玩的。

「首先，想請問一下兩位的姓名、出生地以及年齡，我應該要怎麼稱呼兩位比較好呢？」她們如實的告訴善財夏實，自己的本名是平原麻衣子與齊田彩，便聊起至今為止的所有經歷……。

§　§　§

某個週末休假日的午後，麻衣子跟往常一樣，搭上電車前往新宿。週末假期對麻衣子來說異常珍貴，她要好幾個月才能排到一次，所以她總是非常慎重的對待這一天。而現在，她坐在電車上，回想起那天跟善財夏實不可思議的相遇。

那天晚上，彩跟麻衣子先是在麥當勞接受採訪，聊了一個多小時之後，善財夏實帶她們去一家義大利麵餐廳用餐。

彩從家庭環境與出生背景開始說起，一路聊到她現在的狀況。善財夏實的採訪功力很好，在彩描述的過程中，她會適時引導彩說出更多事情，例如在關鍵處補上一句「真的嗎？」、「然後？後來呢？」讓彩情不自禁的不斷往下說；就連原本還有點警戒的麻衣子，也在熱絡的採訪過程中，忍不住分享了一些自己的事。

彩是在四國出生的，在她來東京讀大學之前，完全不知道八王子是個什麼樣的地方，她說：「明明都在東京，我完全沒想過八王子會離東京的市中心這麼遠……。」本來麻衣子以為兩個人已經認識很多年，關於彩的大小事，自己應該都知道得差不多；但當彩說到自己小學時，生父離家出走拋下媽媽跟自己的往事時，麻衣子也在一旁流下了眼淚：「我從來沒聽妳說過這些事。」

「因為繼父對我很好，我幾乎把他當成是自己的親爸爸，所以我也常常忘記他不是。」

彩解釋道：「現在家裡除了媽媽與繼父外，還有他們所生的弟弟跟妹妹，一個讀國中、一個讀國小，正是要花錢的年紀，加上我愛面子、有些顧慮，所以就算我財務上有困難，也沒辦法向他們開口。每次繼父問我：『還好嗎？』我都會逞強的說：『沒問題，我有在工作賺錢，錢都夠用。』」彩最後又淡淡的補了一句：「畢竟不是親生父女，還是沒辦法坦率的面對他。」

善財夏實帶她們去的義大利餐廳，一盤就要兩千日圓以上，是彩跟麻衣子平日很難得能享用到的美食。在入座之後，善財夏實殷勤的招呼著她們，「放輕鬆吃飯就好，現在沒有要採訪，不用太刻意回答什麼。」於是她們輕鬆聊著工作近況，順便發點小牢騷。飯後，因為善財夏實還想要完成一點採訪進度，就改去彩上班的卡拉ＯＫ店，一邊聊一邊唱歌，直到末班電車離開前，她們才結束這一晚的聚會。

臨走時，善財夏實對她們說：「謝謝兩位分享了這麼多自己的故事，我也會遵守承諾，告訴妳們如何有效償還助學貸款，不過……。」善財夏實停下話來，眼光掃視了兩人的臉：「可以的話，我週末還想跟妳們約一次。因為初步聽完妳們兩個人的狀況，我們應該還有一些事情可以先做。」

「再約一次應該沒問題，但您說『還有一些事情可以先做』的意思是？」

「我不只想要幫妳們處理學貸的問題，還想要改善妳們的生活與財務狀況。」

麻衣子還是滿臉困惑，心想如果善財夏實一開始就這麼說，自己一定會對她充滿戒心；但是相處了一個晚上，她們對善財夏實已經有了一定程度的信任感，就繼續等善財夏實往下說。

「想要改善妳們的生活與財務狀況，就必須先知道妳們的助學貸款還剩下多少沒還？利息又是多少？」

彩馬上接話：「我們的學貸還剩下三百萬日圓左右，但是利息是多少呀？」

「妳們要告訴我確切的數字，這在助學貸款的文件上應該都有寫。妳們也要大概整理出自己每個月的收支狀況，例如房租、生活費與伙食費及水電瓦斯等，我才能根據這些數據，規畫出適合的方法。」

麻衣子突然意識到，善財夏實如果只是找藉口打發自己，隨口交代了一些任務之後就人間蒸發，那自己不就再也無法從學貸地獄中脫身了嗎？於是有點著急的開口要求：「不能直接告訴我們要怎麼處理學貸的問題嗎？」

善財夏實似乎看穿了麻衣子，微微一笑說：「也是，畢竟這是妳們迫切想知道的事，我就不賣關子了。所謂助學貸款，是為了讓學生能安心的讀書，所以借錢給學生用來支付學費與生活費。換句話說，現階段要處理學貸的簡單方法，就是維持學生的身分、延遲還款的期限，不會每個月都被貸款追著跑。」

「說是這樣說，但是重返校園的話，會產生另一筆高昂的學費啊！而且我們現在都有工作，也不可能回學校讀書！」

「有那種只要花幾萬日圓的學費，還不用通勤到現場上課的學校不是嗎？」善財夏實看著兩個人茫然的眼神，試圖給出一點提示，但兩個人完全想不到答案，「是空中大學……。」善財夏實給出答案。

「但這樣做也只是暫時不用還錢，學貸又不會消失。況且，空中大學也要花錢。」

「沒錯！所以更詳細的方法，就等下次見面時再告訴你們吧。」

§ § §

前一次的聚會，就停在「如何恢復學生身分，暫時不被學貸追趕」的話題上。麻衣子回想起當天善財夏實充滿自信的表情，心想：也許她真有什麼辦法能幫我們。畢竟在接受採訪的過程中，麻衣子深深感受到善財夏實的知識與行動力，尤其提到與錢相關的話題，總是會說「我最愛錢了」、「我喜歡研究所有跟錢相關的事」，每當她認真說出這些事情，臉上都會露出愉悅表情，這讓麻衣子真心相信善財夏實並不是在開玩笑。

儘管只是跟善財夏實簡單的聊天，麻衣子藉由分享自己的經歷與現況，彷彿就有一種人生被整理得更加清爽的感覺，甚至還萌生出「好像應該要為自己做點什麼」的念頭。坐在前往新宿的電車上，她不禁有點期待了起來。

下了電車、走出車站，麻衣子走到跟善財夏實約碰面的連鎖咖啡館客美多咖啡，她在店門口看見彩正在等自己。

「彩！」麻衣子對著彩揮手，彩也揮手回應她，但麻衣子注意到彩的臉上並沒有笑容。

就在剛剛搭電車時，麻衣子收到彩傳來的訊息：

妳到咖啡館時，先在門口等我一下，我想跟妳單獨聊聊，不要先進去喔！

「怎麼了嗎？還好吧？」麻衣子先開口關心彩。

彩微微點頭表示自己沒問題，接著開口問麻衣子：「這樣真的沒關係嗎？當初是我自己說要接受採訪的，麻衣子會不會很為難？我一直擔心這件事會讓妳覺得不舒服。」

「原來是指這件事啊！不會啦！雖然我一開始確實有點猶豫，但之後在採訪中，我們聊得很開心！我也分享了一些自己的事情，好像人生被整理得更加清爽了！而且就跟彩說得一樣，我們確實沒什麼好失去了。」

「但如果她推銷了什麼奇怪的產品，或是要我們簽什麼奇怪的合約，甚至要介紹我們去從事一些奇怪的工作，都一定要拒絕喔！」麻衣子聽到彩的警告，忍不住放聲大笑。

「還有！以後跟善財夏實見面，一定要約在公眾場合，而且要兩個人一起去！」

麻衣子答應了彩的提議，牽著彩的手一起走進店裡。

「在這邊！慢慢來沒關係。」善財夏實招呼走進店裡的兩個人。她提早來了，並且挑了一個店內最不顯眼的位置。

「上次的採訪很開心！」雖然又特別約出來見面，讓麻衣子有點緊張，但是剛剛在店門口跟彩的對話，讓麻衣子安心了不少，甚至還能輕鬆的跟善財夏實招呼寒暄。

「哈哈，我也很久沒這麼瘋了，玩得很盡興呢！」

麻衣子相當意外，畢竟善財夏實住在惠比壽那種東京的高級地段，而且又是出版過好幾本書的名人，還以為她應該蠻常這樣玩。

麻衣子原本以為善財夏實是那種遠在天邊的上流人士，但是上次在義大利餐廳吃飯時，善財夏實說自己正在跟一名不太OK的酒吧老闆交往，說對方雖然長得還不錯，但完全沒有想定下來的意思，甚至還跟其他女人不清不楚。沒想到外表精明幹練的善財夏實老師，交往對象竟然是個渣男，不禁對她產生了一點親近感。

「先讓我看看兩位整理出來的家計收支紀錄吧！」

麻衣子跟彩互看了一眼，各自把寫在筆記本上的收支紀錄交給善財夏實。善財夏實接過筆記本後，認真的端詳著她們所寫的收支紀錄，上面只有一些粗略的收支項目，並不是很詳細的記帳內容：

麻衣子：月薪十五萬日圓，房租六萬日圓、水電瓦斯費一萬日圓、手機月租費一萬日圓、伙食費一萬日圓、日用品五千日圓、治裝費五千日圓、給媽媽的孝親費一萬日圓、助學貸款三萬日圓……。

彩：月薪十四萬日圓，房租四萬五千日圓、水電瓦斯費一萬日圓、手機月租費一萬日圓、伙食費一萬日圓、化妝品與日用品一萬日圓、助學貸款三萬日圓……。

「剩下的，就是自己的零用錢跟平常社交應酬的花費。」麻衣子補充說明，善財夏實聽完也點頭表示理解。

只是粗略的收支紀錄，善財夏實竟然看了好一會，彩因此有點難為情的補了一句：「完全沒辦法存到錢……。」彷彿在為自己的困窘找藉口。

善財夏實看完後，喃喃自語的說了一聲：「不錯。」麻衣子困惑了，這樣的收支狀況哪裡不錯？每個月的收入只有微薄的十五萬日圓，扣掉助學貸款、生活費，幾乎一毛不剩，難道善財夏實老師在說反話嘲笑？便開口問：「請問是什麼意思？」

善財夏實終於抬起頭回答：「我說的不錯，是指你們還有很大的改善空間。如果妳們所提供的每月收支紀錄，已經是最緊繃的極限狀態，那我可能還會有點傷腦筋，但以妳們目前的狀況，其實還有很大的調整空間。」

「但我們已經節省了所有開支，沒有任何多餘的浪費了。」

善財夏實沒有直接回應這個問題，反而繼續往下問：「妳們的健保費用與退休年金，都是公司直接從每個月的薪水當中扣繳提撥的對吧？」兩人點了點頭。

「妳們的助學貸款資料呢？」兩個人聽從善財夏實的指示，從包包裡拿出助學貸款的文件遞給善財夏實。她細看了好一會兒後，一邊點頭，一邊指出重點：「利息沒有很高，只有一%左右。」

「這樣的利息很低嗎？」

「對呀！畢竟是幫助學生求學用的貸款方案，多少有點福利政策的意味。如果是創業或其他類似的理由，一般銀行貸款的年利率可能要三%左右；如果是信用卡的循環利息或預借現金等，利息還會高達一三%以上，而且，現在銀行審核貸款的標準變得相當嚴格，一般人想要申請貸款還不太容易呢！」

兩人聽完善財夏實的說明，還是不曉得她想說什麼。

「貸款不一定是壞事，不管是一般貸款或就學貸款都一樣，重點在於申請人如何運用借來的錢。有些人借錢，是為了拿來做更有效益的應用，例如拓展事業等，像是有些爸媽實際上並不缺錢，但是因為助學貸款的利率很低，就會用小孩的名義把錢借出來，之後用來投資、買房或周轉，像這種狀況，小孩畢業後的學貸，就會由父母償還。」

「但我記得在申請學貸時，也會審核父母的經濟狀況！印象中好像有規定年收入不能超過多少，有些爸媽如果收入太高，也會無法通過審核。」

「助學貸款是有『排富』的規定沒錯，但也有一些漏洞可以解套，例如自己家裡開公司或商號，就能決定自己的薪水高低。只要把年收入調整到符合規定的範圍，就能通過審核。對這些人來說，只是把同一筆收入，記在公司名下或記在自己名下的差別，並不是什麼難事。」

「原來如此。」雖然麻衣子點頭回答，但還是聽不懂剛剛這段話到底在說什麼。畢竟自己跟那個世界太過遙遠，她想到媽媽連自己的生活費都沒有著落，何況是小孩的學費，更不用提把貸款的錢拿來做其他更有效益的利用了。

「不懂也沒關係，我只是想說，看事情有各式各樣的切入點，只要換個角度，就會有不同的發現，選擇也會因此而改變。」善財夏實說，「接下來，我有一個建議，先從刪減固定支出開始吧！畢竟妳們已經盡力在節省日常開銷，這一塊應該已經是極限。有一個方法能大幅降低妳們在房租、水電瓦斯及交通費等固定開支。」善財夏實指著她們兩個人，「妳們兩個一起住吧。」

其實她們曾經想過，如果兩個人能住在一起一定很不錯。

「如果妳們合租一間，不只能節省房租，還能搬到距離新宿更近一點的地方，省下不少通勤時間。幸好妳們交情不錯，如果不介意住在一起的話，這個提議如何？」

麻衣子心想，我哪會介意啊！我還求之不得呢？可是……正當麻衣子心裡既期待又有點害怕的看向彩時，發現彩也用充滿期待的眼神看著自己。

善財夏實看她們都沒有反對的意思，就拿出筆記本在上面大致規畫，「如果選擇距離新宿通勤約三十分鐘左右的地點，找一間兩房一廳的物件，每個月的房租應該可以壓在八萬日圓左右；如此一來，每個人每個月的租金只要約四萬日圓。手機月租費也改用最便宜的方案，這樣加起來就能省下一萬日圓的固定開銷，而且兩個人一起住，水電瓦斯費及伙食費等，還能再減少一些……如果能暫時停繳助學貸款，就算要額外加上空中大學的學雜費，每個月應該就能存下至少五萬日圓了吧？」善財夏實不斷的在筆記本上計算著。

「可是……利用申請空中大學延後償還學貸的時間，真的沒問題嗎？這應該是漏洞吧？會不會違法啊？」麻衣子擔心的問。

「確實是漏洞沒錯，所以有些人也會反對開這種後門，以免被不正當的使用。但是，妳們只是晚一點還，又沒有說再也不還，對吧？我只是建議妳們把每個月多存下來的五萬拿去投資，等存滿三百萬日圓時，再一口氣還清，這樣比較有效率。」

聽到善財夏實這麼說，彩彷佛理解的點點頭，但麻衣子一聽到投資，心裡警鈴大作，難道善財夏實老師要介紹她們去買一些奇怪的投資商品？於是緊張的問：「您所說的投資是指什麼？是要我們把錢投入什麼地方嗎？」

「只要挑選穩健的投資方式，想投資什麼都可以啊！一般證券公司都有發行投資信託基金，只要盡量挑選零手續費或手續費與管理費在一%以下的基金商品，利用NISA（小額投資減免）的方式定期定額，還可以節省稅金。至於投資信託基金的布局範圍，最好挑選一些全球型或涵蓋區域較廣的投資商品，風險會比較低。」善財夏實說了一大串，但聽在麻衣子與彩的耳朵裡，就像是一堆陌生的火星文。

「關於投資的細節，如果妳們有興趣的話，可以改天再細說。總之，這類投資信託基金的年投資報酬率大概有六%，如果沒意外的話，我想最晚四年或五年之後，妳們就能還清學貸。但投資也不是穩賺不賠，還是有可能出現短暫負成長，維持平常心就好。」

「可是、那個，善財夏實老師……。」彩吞吞吐吐的說：「我們手邊都沒有存款，就連搬家的錢也沒有。」麻衣子也同時想到這件事，「對啊！如果我們有錢可以搬家，早就搬來一起住在這附近了。」

「搬家的錢我可以先借妳們啊。」善財夏實說得超級乾脆，「妳們先去找適合兩個人合租的物件，盡量找不用押金跟禮金的，最好還附免費 Wi-Fi。如果有看到合適的，搬家費用我可以先借給妳們。」

「但我們不一定有能力還啊。」

「所以交換條件就是：我要記錄妳們從現在開始，一直到還清學貸為止的過程。而且這段期間，我還要看妳們的家計支出紀錄，偶爾要接受我的採訪。我也會持續給予妳們一些改善家計的建議，還會把這個過程記錄下來寫成書。當然，就像之前所說的，人名與背景都會稍微調整一下。」

「老師為什麼要幫到這種地步？難道不怕我們逃跑或不肯配合？」麻衣子疑惑。

「這也是有可能的啊！」善財夏實歪著頭用手指梳理頭髮，好像在認真思考的接著說：

「硬要說什麼理由的話，大概就是好奇吧！在跟妳們聊天、採訪的過程中，我覺得妳們都是認真又努力的人。我希望像妳們這樣的人都能獲得幸福。但是想要抓住幸福，有時也需要靠一點運氣，如果我能成為妳們改變命運的機會，好像也不錯！」

「謝謝您。」

「不不不，先不要謝我。就算這件事情失敗了，我也會全部寫出來，當成是讀者茶餘飯後的八卦話題。而且，我也想當一次義無反顧的傻瓜。」善財夏實喃喃自語。

麻衣子用徵詢的眼神看著彩。

「妳們可以討論之後再決定，有結果再跟我說。」善財夏實邊說邊準備起身離開。

「我願意！彩，我真的想試試看。」麻衣子迫不及待的表態，彷彿只要善財夏實一離開，這個奇蹟般的好運就會消失似的。

「我也是！我也想跟麻衣子一起住，那真是太棒了！」

「那，這給妳們吧。」善財夏實打開包包，從裡面拿出一只ＬＶ長夾，把原本放在裡面的鈔票、零錢、信用卡等都掏出來，再把空空的長夾交給兩個人說：「就把這個長夾，當成是妳們兩個人的共用錢包。等妳們展開新生活之後，把每個月的共同支出都放在裡面，兩個人一起好好使用。」

「這麼貴重的東西，我們不能收。」

「沒關係啦，妳們就收下好好使用。妳看皮夾上燙印的英文字母縮寫，就跟麻衣子的名字縮寫一樣，不是很剛好嗎？」長夾上燙印了M．H的英文字母。

「就當是祝福妳們邁向新生活的禮物吧！我當初買下這個錢包，也是為了想要改變自己的運勢與心情，但我現在已經不需要了。」善財夏實補充說。

「善財夏實老師的運勢已經改變了嗎？」

「應該吧，這也要感謝妳們。」善財夏實微微一笑。

我們究竟是跟天使簽約？還是魔鬼呢？麻衣子自己也無法確定。

§　§　§

一個月後，麻衣子跟彩在距離「讀賣樂園前」站走路約十一分鐘的地方，找到了一間房租約七萬九千日圓的公寓。

雖然是四十八年的老房子，但屋況保持得不錯，有兩間房間可以使用。至於搬家所需的二十萬日圓，就如同當初約定的一樣，由善財夏實先幫她們代墊。

在她們搬完家後，善財夏實也去她們租屋的公寓小小參觀了一下，並拍了一張兩個人的生活照，「接下來的發展，就看妳們自己囉！」她們把兩個人的生活費，一起放進善財夏實所送的LV長夾內，並且把長夾放在冰箱上，開始了兩個人的生活。

理財小知識

- 以臺灣銀行為例，就學貸款利率為一．六五%，於畢業一年以後，開始還款，還款期限按貸款學期計算。例如，大學四年共八個學期，還款期限則為八年。

第六話
錢包在跳舞

美津穗某天和仲介商一起看房，發現屋內桌上擺著當初在夏威夷買的名牌長夾，為了皮夾，她當下決定用五百八十萬日圓買下整棟房子，但是……現在的她真的還需要嗎？

「所以……妳是在佐竹家，發現這個叫野田的人也在屋裡嗎？」善財夏實的視線從筆記本抬起來，轉向她眼前的美津穗。美津穗微微點了點頭。

「是這樣沒錯，因為佐竹爺爺說他是遠房親戚的小孩，所以剛開始看到他，我也沒有想太多，更完全不知道他就是野田裕一郎。而且他聽到佐竹爺爺的介紹後，也若無其事的點了點頭。」

「請問妳剛剛說的這件事，是發生在二〇二一年的六月嗎？就是距離現在大概八個月前……約東京發布緊急事態宣言[12]的前後對吧？」

「應該是那陣子沒錯。」

「那野田有額外說些什麼嗎？」

「好像沒有，我是因為佐竹爺爺家的冷氣出問題，所以才去看看情況，畢竟我是他的房東，這些居家或電器的修繕，一般都是房東負責處理。」

善財夏實聽完又把視線放回筆記本上。她約莫是在兩週前，透過美津穗的房地產經紀人致電美津穗，敲定這次的訪談。

那位經紀人叫芝崎，是美津穗在買進第二棟老屋時認識的。由於他跟美津穗的年齡相近、做事可靠，有時還會分享一些還沒上架刊登的物件資訊，所以美津穗跟他的關係不錯，也非常感謝他。不只逢年過節會特別送禮問候，只要是芝崎介紹的物件，她也一定會親自去現場看看。在美津穗投資不動產這四年多以來，認識了不少像芝崎這樣的房仲，而且美津穗跟這些仲介們都有不錯的互動往來。

「葉月小姐，剛剛有人跟我聯繫，說她想採訪您，請問您要接受嗎？」

「又是採訪邀約啊？這次的主題是什麼？」

美津穗以「女性不動產投資達人」的身分，接受過許多次採訪，多半是不動產相關業界的媒體，例如「健美家網站」或「樂待網站」等；另外還有幾次是「微笑房東租屋網」，以「專訪年輕包租婆」為主題來採訪美津穗。每次大概會花上兩個小時，結束後，對方也會提供三千日圓左右的圖書禮券或等值謝禮，又因為在日本，女性的不動產投資達人十分罕見，所以約每半年就會有人想要來採訪。

剛開始，美津穗覺得自己可以接受採訪、暢談過往的經歷與分享投資經驗，看起來好

12由國家元首使出超過平常法治範圍的特別措施。

像變成了名人，相當興奮與開心。但幾次下來，發現訪談內容大同小異：為什麼開始投資不動產？如何準備第一桶金？從事不動產投資，有獲得另一半同意嗎？家人有沒有幫忙？身兼房東與媽媽，如何兼顧家庭與照顧子女呢？是從哪裡學習自己ＤＩＹ裝修？要去哪裡申請優惠的房貸利率等，漸漸也開始習以為常。

「採訪是可以啦，但每次主題好像都差不多，這次他們想討論什麼？」

「這次不太一樣喔！聽說想要採訪關於佐竹家的那件案子。」

「什麼！佐竹家？」美津穗忍不住驚訝，「難道他們想做『凶宅特輯』？但那間不能算是凶宅啊？」

「不是要採訪佐竹家那間房子啦！對方主要是想問，之前在佐竹家被捕的那個野田裕一郎的事。而且來邀約的單位聽說是一位獨立記者。好像叫做……」美津穗聽到電話那頭傳來翻找文件的聲音，「啊！她叫善財夏實，她好像有出過幾本書，您有聽過這個人嗎？」

「我知道她！我以前也看過幾本她寫的書。」美津穗聽見名字後嚇了一跳，講話的音調不由得提高了不少。

美津穗已經好多年沒聽到善財夏實這個名字了，明明自己以前曾經這麼熱衷於她的文章，現在卻連名字都快忘記了。

這幾年，美津穗除了家務育兒之外，重心都放在投資、房屋裝修與管理手上的不動產，剩下來的時間原本就不多。就算有空閒時間，又因為想考取不動產經紀人與記帳士的資格，所以也全拿來準備相關考科，幾乎沒有機會可以看閒書，就連以前常看的「教家庭主婦如何節省家計開支」的雜誌，現在更是連翻閱的餘力都沒有。

美津穗想想自己這幾年的變化，大概是從投資不動產後才開始有所改變的。

當然，她還是維持不隨便浪費的習慣，但是，一間房子動輒幾百萬、幾千萬日圓，與其努力從日常生活中節省幾十日圓的伙食費或水電瓦斯費，還不如想辦法學會如何降低銀行房貸利率，哪怕降個一%都好，累積的效益還比較大，所以對節省家計開支的題材，也就漸漸不感興趣了。

除了興趣轉變之外，也因為在書店架上的新書或是雜誌專欄等，幾乎很少看見善財夏實的作品，所以才忘了這位自己曾經很喜愛的作者。

「聽說是因為在追蹤一起詐騙案件，野田是重要的涉案嫌犯，所以想要採訪一下曾經當面與野田接觸過的人。您願意受訪嗎？如果不想的話，我可以幫您婉拒。」

「我接受，你再幫我聯繫對方吧！」美津穗做好心理準備後，答應了採訪邀約。

§　§　§

「我剛剛突然回想起一件事。說不定野田並沒有打算被我看見……。」美津穗對著埋頭記錄的善財夏實補充說。

「是他的舉止有什麼異樣嗎？」

「也不能這麼說，因為佐竹爺爺剛搬來的時候是一個人住，所以當我走進佐竹爺爺家裡時，並不知道屋子裡面還有其他人。直到我問佐竹爺爺冷氣是什麼時候出問題時，他很自然的轉向房間裡問：『喂！冷氣是從前天開始怪怪的對吧？』我才驚覺到房子裡還有別人在。」

「妳當初怎麼確定他是一個人住？」

「靠社會救助金補貼房租的長輩多半都是獨居；只有在極少數的情況下，才會夫妻兩個人在外面租屋。」

「原來如此。」

「大概是聽見佐竹爺爺突然開口問，野田才一臉無可奈何的從房間裡探出頭來，回了一句：『嗯，大概是前天開始。』說完立刻躲回房間裡。我嚇了一跳，還問佐竹爺爺：『有朋友來拜訪啊？』只見他露出一臉不妙的表情，敷衍的回答我說是親戚小孩來家裡玩。」

「為什麼葉月小姐會覺得奇怪？」

「因為區公所在審核社會救助金時，會充分調查這些長輩們的家庭狀況，確認沒有其他後援或確定可以獨自生活時，才會核准申請。也因此，這些透過社會救助金補貼房租的長輩們，多半無依無靠，很少有什麼親戚往來。」

「那妳沒有繼續追問嗎？」

「我是覺得有點奇怪啦！如果單純只是遠房親戚的小孩來拜訪，小住幾天是沒關係。但如果這個人長期住下來，就等於在領取社會救助金的個案家中，有另一名年輕且具有勞動力的同住者，不僅會影響佐竹爺爺請領社會救助金的資格，還可能會被迫搬離。所以我當下也沒有多說什麼，雖然以房東的立場而言，這已經違反了租屋契約的規定，但佐竹爺房租收入。

爺這麼可憐……。」美津穗沒有說出口的另一個理由是，她也擔心自己會失去這份穩定的

「雖然我沒有繼續追究，但還是發現了一些不太對勁的狀況。當時我看見牆上掛著好幾套樣式很年輕的襯衫與外套，因為數量多到不像是單純來玩幾天的樣子，所以我有點納悶，心想難道他已經在這裡住很久了嗎？」美津穗遲疑了一下，嘆一口氣說：「不好意思……剛剛說的這些，都會被寫出來嗎？」

善財夏實抬起頭，「如果有什麼不方便被刊登出來的內容，我可以稍微避開。」

「剛剛那一段請不要寫進文章裡。畢竟我身為房東，雖然沒有主動通報的義務，但都已經察覺到可能有人正在跟佐竹爺爺同住，卻沒有採取任何行動，我怕會影響我日後房屋出租的業務。」

「就算不寫出葉月小姐的名字，也會有影響嗎？」

美津穗露出為難的表情。雖然野田的案件只有一則小小的報導，但是他在逃亡期間與領取社會救助金的高齡弱勢者同住，這個案例已經引起相關單位的注意。所以，包括鄰近的不動產業者或區公所及社福人員等，多半已經知道事件所在地與相關人員的資訊，就算

沒有揭露本名也能猜到是誰說的。

「好，那這部分我就含糊帶過。」

「麻煩您了，實在是不好意思。」雖然善財夏實承諾在文章刊登出來前，會先讓美津穗確認過，但她還是有點不安。

「我可能會改寫成：『佐竹爺爺表示他們兩個人是朋友，但是因為雙方年紀相差太大，所以房東覺得有點奇怪』，類似這樣的寫法。」或許是善財夏實從美津穗的表情中察覺到她的疑慮，所以特別舉例說明了一次。

美津穗聽完後，稍微鬆了一口氣，又繼續補充：「然後，我在離開佐竹爺爺家時，有回頭看了一下二樓的小陽臺，陽臺上晾了幾件看起來不像是爺爺會穿的四角褲，這又印證了我的猜想，果然不是單純來玩個幾天，而是已經住好一陣子。」

聽到這裡，善財夏實噗哧的笑了出來。

「怎麼了嗎？」美津穗疑惑的問。

「沒有沒有，我只是覺得葉月小姐的觀察力很好！」

「還好啦，大部分的房東都會注意這些細節，畢竟把房子借給別人，平常也沒辦法隨便進出，所以只要有機會進去，都會特別留意一下，算是一種職業病吧！」聽到善財夏實的讚美，美津穗覺得有點開心，畢竟她可是自己以前喜愛的作者！

「原來是這樣啊！那回到剛剛說的，葉月小姐再次看到野田是什麼時候？」

「大概又過了一個月吧？因為佐竹爺爺病倒了。一般來說，房東跟房客沒有住在一起，房客有什麼狀況，房東也不會馬上知道。但剛好我在那附近還有另一間房子租給別人，那間房子的房客看見佐竹爺爺倒在家門口、被救護車送去醫院，便馬上聯絡我。我一聽到，就慌慌張張騎著電動腳踏車趕過去了解狀況。」美津穗依照事情發生的時序，一一向善財夏實說明。

「妳趕過去的時候，大概幾點了？」

「已經很晚了，大概晚上十點左右。我到了佐竹爺爺家，門口只有聯絡我的那名房客，聽他說是佐竹爺爺身體不舒服，自己打電話叫救護車。我原本還擔心佐竹爺爺是得了新冠肺炎，但聽說他沒有咳嗽，症狀看起來也不太一樣，就稍微鬆了一口氣。我想說繼續待在那裡也沒什麼幫助，便打算先回家。在回家之前，我想起前陣子去佐竹爺爺家的時候，好像有看到一個男人，不知道他還在不在？於是順手按了一下佐竹爺爺家的門鈴，但沒有人出來應門。想到已經這麼晚，我便直接回家了。

「隔天，我又騎著腳踏車去佐竹爺爺家，一方面是擔心房子的狀況，一方面也要向那位聯絡自己的房客表示感謝，就順便帶了禮盒過去。」

「當房東還要做到這種程度啊！真是不容易。」

「對啊！這次是運氣好，佐竹爺爺倒在家門口被救護車送去醫院，如果是在租屋處這麼無聲息的走了，對房東來說也很困擾。畢竟請領社會救助金來補貼房租或過生活的人，都是年紀大或身體有點狀況的弱勢族群，房東把房子租給這些人有一定的風險，所以這些小事還是得做。」

「我有點好奇，妳剛剛說當房東也有一定風險，指得是什麼？」

「當房東看似輕鬆，其實也有不少風險，例如房客可能會拖欠房租、連夜逃跑，或是在租屋處從事非法行為，甚至自殺。而且房客隨時隨地都能因為一點小事退租，在房東找到下一組租客之前，房子就會閒置在那。又例如我，雖然是把房子租給請領社會救助金的人，好處是不會拖欠房租、房客也不太會突然說要搬家而退租，但相對的，就要承擔房客會在租屋處過世的風險。」

「為什麼這些請領社會救助金的房客，比較不會拖欠房租？」

「因為在我們這一區，用來補貼房租的社會救助金，是由區公所直接把款項匯到房東帳戶，並不會到房客手上，所以不會有拖欠的問題。但人生無常，就連我們這種看似健康的年輕人，也可能一眨眼就因為什麼突發狀況而過世，所以只要一有機會，我都會找時間去附近繞繞、跟房客們說話，關心一下他們的近況。」

「原來是這樣。不好意思，離題問了一大堆。那妳隔天去又發生了什麼事？」

「第二天我到佐竹爺爺家，先在大門敲了好一陣子都沒人回應，我便繞到房子側邊，想說從庭院稍微偷看一下屋裡狀況。沒想到才剛走過去，就看見裡面好像有人。」

「是野田嗎？」

「沒錯。屋子的落地窗敞開，野田裕一郎正躺在裡面睡覺，腳還伸出落地窗外。看見這一幕，我忍不住笑了出來，這也未免太明目張膽了吧？」美津穗一邊回憶當時的場景，一邊模仿野田用手枕著頭的睡姿。「然後我隔著庭院對他喊：『不好意思！』他聽見之後嚇了一跳、坐起身來。我問他佐竹爺爺被送到醫院的事，他只是嗯嗯啊啊隨口敷衍，既沒說知道、也沒說不知道，我完全不明白他是什麼意思。但我想他應該知道，只是不知道怎麼解釋，只好裝傻。於是我迂迴的提醒他：『這是佐竹爺爺的家。』言下之意是他一個外人待在這裡，恐怕不適合；但他只回答：『是佐竹爺爺叫我住下來的。』講得沒頭沒腦，我也不是很能理解。」

「那葉月小姐後來有採取什麼行動嗎？」

「因為我也沒有證據說他不是佐竹爺爺的親戚，而且家裡如果沒有人，反而有點危險；再加上，佐竹爺爺的家裡也沒什麼東西好偷，畢竟他在請領社會救助金並搬進這間屋子以前，就已經身無長物了。我想他暫時留在這裡應該也無妨，便轉頭回家了。現在想想，這樣好像會被說這個房東有點沒責任感……但我當下也沒有其他辦法可以解決。」美津穗一邊向善財夏實說明，腦海裡有關當時的場景也越來越清晰。「又隔了一個月，在佐竹爺爺住院的那段期間，我接到警察打來的電話，問我知不知道現在是誰住在佐竹家？警察還特別強調他們問的是另外一名年輕男子。我就回答我確實曾經在佐竹家看過一名年輕男性。警察馬上說因為他涉及一些案件，所以必須逮捕他，要我把知道的都告訴他們。」

「原來警察也會先聯絡房東啊？」

「我當時確實嚇了一跳，但事後聽其他房東說，這種狀況挺常見的。警察如果要逮捕人或採取攻堅行動之前，都會先跟房東知會一聲。」

「那妳一定很緊張吧？」

「對啊！而且還被警察要求要保密、警告我絕對不能洩漏風聲，甚至還有一個年輕刑警跑來找我拿租賃契約去影印。我當時就把所有知道的事情都告訴他們了。在警察聯絡我之後，我一整天都提心吊膽的，然後聽說野田在隔天就被逮捕。後來警察又跟我聯繫了一次，說野田因為涉及詐騙集團的非法活動，在大阪一帶用特殊手法詐騙老人家，之前曾被抓過一次，但後來逃跑了，是個已經被通緝好一陣子的通緝犯。」

幾個月後，佐竹爺爺在醫院裡過世，據說是因為癌細胞已經蔓延到全身，後續包括葬禮或整理遺物等，都是由美津穗與不動產公司協助處理。

「佐竹爺爺住院時，我曾經去探望過幾次，因為他似乎真的沒有其他親友可以聯絡，便寫了一張紙條給我，希望我能代他處理身後的各項事宜；也多虧了這張紙條，讓我可以順利處理完佐竹爺爺的後事。像佐竹爺爺這種請領社會救助金的弱勢民眾，在他過世後，政府機關也會提供相關的喪葬補助，所以我在幫佐竹爺爺辦理這些手續時，都是用這筆喪葬補助來支應的，自己並沒有出到什麼錢。老實說，我也是第一次經歷這種事，從中學習到了不少。至於那間房子，雖然警察說沒什麼需要特別調查的地方，但我還是讓房子維持它原本的樣子，過了一個多月後才拿去做其他安排。」

「所以野田為什麼會跑去住在佐竹爺爺家啊？」

「佐竹爺爺說他們是在車站前認識的。他說在車站前的圓環旁，平常就會聚集很多人，像是閒著沒事的老人家，可能會買瓶燒酒或啤酒去圓環旁的長椅上喝酒聊天、打發時間；再加上爆發新冠肺炎疫情，許多店家沒有開門做生意，這些平常會去店裡喝酒的人，現在也聚集在圓環附近。某天，圓環邊只剩下佐竹爺爺跟野田兩個人，佐竹爺爺便向野田搭話。聽佐竹爺爺說，因為野田願意聽他說話、還請他喝了酒，兩個人因此熱絡了起來。當時佐竹爺爺聽到野田說他現在無家可歸，便邀請他：『你要不要來我家住？反正我也只是個靠社會救助金過活的獨居老人。』野田聽完後，表現出既感激又羨慕的樣子，佐竹爺爺也很開心有個伴可以說話，兩個人就湊在一起了。」

「這些都是佐竹爺爺告訴妳的嗎？」

「對啊！畢竟佐竹爺爺很寂寞、又遇到無家可歸的野田，兩個人會選擇相依為命其實也不意外。在野田被逮捕後，我曾問過警察：『收留野田的佐竹爺爺會有刑責問題嗎？』

警察說不會，因為爺爺只是讓野田借住，再加上這段時間他都在醫院，所以應該不會有什麼影響。但是……」美津穗遲疑了一下，還是繼續說道：「我覺得佐竹爺爺應該知道野田是個罪犯。反正爺爺已經過世了，我現在說出來應該沒關係。」

「咦？真的嗎？」

「對啊，畢竟他們住在一起超過一個月，而且我之前也問過他知不知道野田的來歷，佐竹爺爺很明白的回答我：『他說他之前是詐騙集團的成員。』但佐竹爺爺說野田很想要重新開始，甚至還為了野田的經歷而落淚。

「聽說詐騙集團的工作也很辛苦！不只業績目標定得超高，為了避免走漏消息，同事之間也不能有交流，甚至連彼此的名字都不知道。可能因為野田在詐騙集團裡沒有半個朋友，所以就算只是跟老爺爺一起聊天說話，野田也會十分開心，這對佐竹爺爺來說，一定也是很值得高興的事吧？」

善財夏實仔仔細細的將美津穗所說過的內容一一記錄下來。

「我可以問一個私人問題嗎？」在結束採訪前，美津穗鼓起勇氣提出疑問，「為什麼善財夏實老師要調查野田的事情？」

「這說來話長，我這幾年一直都在報導有關『貧窮女性』的主題……。」善財夏實一邊說，一邊從包包裡面拿出一本書遞給美津穗，書名是《我們為什麼會下海從事特殊行業》，封面是一名只穿著內衣的年輕女性，用右手遮住雙眼的黑白照片，「這是我最近出版的新書，不知道對葉月小姐來說，這樣的主題會不會太衝擊，如果不介意的話，這本書就送給妳吧！」

「我很有興趣，請務必讓我拜讀。」美津穗接過書後，真心的向善財夏實道謝。畢竟房東鑾有機會遇見特殊職業的房客，多知道一點不同資訊，也是一種學習。

「前陣子，我一直在關注這起特殊詐欺案。尤其在案件中被逮捕的野田裕一郎，這個以詐騙老人為生的男人，竟然在領取社會救助金的獨居老人家裡被逮捕，還跟獨居老人相依為命了一段時間。這中間好像有很多故事，才沿著這條線不斷往下追查。

「在追查過程中，我發現野田也是個可憐人。我採訪了他當上班族時，曾經一起共事過的同事，他的同事說，野田因為在股票投資上被騙、欠下高額負債，才選擇鋌而走險；在被騙之前，他其實跟普通上班族沒什麼兩樣。所以，從這些拼湊起來的線索，我下一本書想要寫有關於『貧窮男性』的議題。」

「原來是這樣啊。其實……我以前是善財夏實老師的讀者，無論是老師所寫的專欄或出版的新書，我全都看過。」美津穗鼓起勇氣向善財夏實坦承。

「啊？是這樣啊，非常感謝。」善財夏實聽到美津穗這麼說，深深的低頭鞠躬表達感謝，但語氣聽起來卻有點距離感。

「感覺老師跟以前不太一樣，我是說關注的面向與寫作的內容。」美津穗有點怕冒犯似的小心翼翼探問。只見善財夏實有點害羞的笑了笑，這似乎是整個採訪過程中，美津穗第一次看見善財夏實真誠的笑臉。於是又接著問：「老師以前大都是寫開運風水或開運錢包相關的內容對吧？」

「我以前確實都是寫一些『如何節省家計開支』之類的文章，也從事了好一陣子開運風水相關的工作。大概在三十五歲左右，才開始轉往現在這份採訪寫作的工作，雖然也曾在『紀實類小說』上獲得了小小的獎項肯定，但老實說，這類出版品都不太好賣，銷量實在很糟。」雖然善財夏實在苦笑，神情卻有一種滿足感。美津穗完全能理解，善財夏實一定很滿意目前的工作，才會有這種辛苦卻滿足的表情，因為自己也是如此。

「我當年也是看善財夏實老師的文章，努力學習如何節省生活與家計開銷呢！」

「葉月小姐以前是全職家庭主婦？那是怎麼成為專業的不動產投資達人呢？」

美津穗便把自己如何發現老公背負高額卡債；為了節省固定支出，搬到郊區的老房子住等經過，一五一十告訴了善財夏實，還分享自己如何在付清第一間房子的房貸後，利用抵押轉貸買進新物件，並把原來的房子租給別人；就這麼像寄居蟹換殼一樣：購入不動產、自住裝修、再租給別人，最後成為擁有手握多件房產的不動產投資人，以房東一職為生。

「我現在手上有五間透天厝與三間老公寓在收租，一年的營業額約一千三百萬日圓。但管理與裝修的成本支出也不少，再加上這些房產的貸款還在繳納當中，所以實際上的淨收入並不算多。這幾年因為新冠肺炎的關係，政府為了刺激景氣復甦，推出特殊的紓困貸款，我也利用這個機會，在川越附近要蓋一棟新的公寓……。」

「很厲害呢！」善財夏實十分讚嘆，而美津穗在說完之後，才發現善財夏實把剛剛這段內容也寫進了筆記本。

「所以妳幾乎是從零開始的？我剛開始聽到妳是一名女性的不動產投資達人時，還以為妳是從親人那裡繼承了房產，才開始從事這項工作。」

「哪有那麼好？我完全是靠自己白手起家，所以一剛開始只買得起又舊又小的老房子，房客也都是那些請領社會救助金的人。」美津穗苦笑道。

「這麼看來，妳也算是現代版灰姑娘呢！從零到手握多棟房產的年輕包租婆。」

「應該說是機緣巧合，因為之前的物件沒有現在這麼貴，當時要向銀行申請房屋貸款也不難。尤其在房地產業界爆發了『南瓜馬車事件[13]』的投資騙局後，現在的貸款審核變得超級嚴格。」

「希望改天能有機會採訪妳的故事。像妳這樣跟老公一起背負高額卡債，到擁有多棟房地產、成為人人稱羨的包租婆，這種傑出女性的傳記，大眾一定很感興趣。」

「沒有啦，我就是一般人，我的事沒什麼好提的。」美津穗一邊謙虛的搖手表示自己沒什麼，又覺得自己一路以來的努力，好像終於獲得一點點回報了。

§　§　§

善財夏實走進 Renoir 咖啡廳後，看見平原麻衣子坐在店內。從她們第一次相遇至今，已經三年半了，是第幾次像這樣相約見面了呢？善財夏實在心裡思考著。

「麻衣子好久不見啊！最近都還好嗎？」善財夏實先開口打了聲招呼。

「都還ＯＫ，妳看起來心情不錯？」

「因為剛剛採訪了一個有趣的人。」善財夏實一邊看著菜單，一邊回答：「那位受訪者原本是一名全職家庭主婦，手上幾乎沒有半點資金。但是經過了幾年的努力，現在成為一名年營業額高達一千三百萬日圓的不動產投資達人。她的故事讓我想到下一本書可以朝哪個方向來寫，所以我有點開心！」想到訪談的過程，善財夏實不禁露出微笑。

「哇！好恐怖喔，小蛇又露出那種恐怖笑容了！」麻衣子有點浮誇的提高音量。現在的善財夏實與麻衣子，已經是可以互開玩笑、互相取笑、吐槽的好朋友了。還記得當初善財夏實告訴她們，自己的本名叫做蛇川茉美，善財夏實只是筆名時，她們為了這兩個風格迥異的名字，還取笑了善財夏實好一陣子。後來，她們就一直用「小蛇」來當成是對善財

---

13 南瓜馬車是 Smart Days 公司，以女性專用 Share House 為客源所經營的業務，後因無法支付向 Smart Days 公司購房者保證的租金，導致許多人背負巨額債務。

夏實的親暱稱呼；但是，當初一起大笑的齊田彩，如今再也不會出現在聚會中了。

「話說，多虧小蛇的幫忙，我的助學貸款已經全部還清了！是去年年底還完的，上週還寄了一張清償證明的通知單給我。」麻衣子從包包裡拿出一張寫著「清償證明」字樣的文件，遞給善財夏實看。

「辛苦妳了，妳真的很棒。」

「雖然還清助學貸款很讓人開心，卻有種不真實的感覺。真不敢相信，這件事情竟然左右了我的人生。」麻衣子盯著手上的文件。

「不管怎麼說，麻衣子確實很努力了。」善財夏實欣慰的肯定麻衣子。

只見麻衣子正襟危坐，誠摯的對著善財夏實說：「我想由衷的再謝謝妳一次，謝謝妳改變了我的人生。」然後深深的鞠躬。自從遇見善財夏實後，在這三年半之間，麻衣子每個月都會存下五萬日圓，並且用ＮＩＳＡ的方式，定期定額投資以全球股市及美國標普五百指數為連動標的的指數型基金。她只要手邊一有閒錢或額外收入，就會投進基金裡；甚至過了一陣子之後，每個月投入的金額還調高到六萬日圓，所以原本預計要花八年才能還清的三百萬日圓學貸，只花了三年半左右就還清了。

當然，中間也有很煎熬的時刻，那是在二〇二〇年初，全球新冠肺炎大爆發的時候，原本穩定獲利的基金，在一夕之間走勢大幅往下。「小蛇小蛇，我們該怎麼辦才好？是不是應該要把基金全部贖回，先把至今為止的收益獲利了結呢？」當電話那頭傳來麻衣子語帶顫抖的詢問時，善財夏實自己也很迷惘。畢竟投資靠得是風險評估與承擔，無論是用「理財規畫師」的身分，或是「善財夏實老師」的身分，都無法預測詭譎多變的情勢，替未來找出正確解答。況且在這一波股災中，善財夏實的資產也大幅縮水，連自己的心情都免不了受到影響，更不難想像賭上全部身家的麻衣子她們內心會有多煎熬！

不只麻衣子她們是投資新手，就連善財夏實自己也是在雷曼兄弟引發的金融風暴後才開始投資，所以她的投資經歷並不深，也從來沒有應付過這麼劇烈的市場波動。

「其實我也不知道這種狀況會持續多久，但是定期定額的投資方法，本來就是為了因應市場波動所出現的投資策略。我覺得應該要持續投入，把時間拉長後，波動就會被控制在可接受的範圍內。但如果妳們想先贖回以確保獲利，我也沒有理由阻止，畢竟每個人能承受風險的程度不一樣，只能自己承擔自己做出的選擇。」善財夏實也只能很保守的提供建議。

「那……我們就再撐一下看看吧。」

但先撐不下去的，是彩。

「我們被騙了啦！都是那個女人害的，叫我們去投資什麼基金，投資這種事情我們根本就做不來。我去年一整年的獎金，在一天之內就蒸發不見了！」

善財夏實是事後聽到麻衣子的轉述，才知道她們當時對於資產每天都在縮水有多難受，而且因為彩是正職，每年的六月與十二月都會額外領到一筆獎金，她也把這筆獎金都全數投入基金當中，所以對於資產縮水的痛苦感受程度也更大。儘管麻衣子曾試圖安撫彩的情緒，但她的臉色還是越來越難看，對麻衣子的話也漸漸聽而不聞。最後，彩在完全沒有跟麻衣子或善財夏實討論的情況下，直接把之前用ＮＩＳＡ購入的所有基金都贖回，並且把這一大筆錢，投進男友推薦的虛擬貨幣交易市場中。

彩當時的男友是在她上班地點打工的大學生，年紀比彩小非常多。據說兩個人一開始是因為投資的話題才搭上線，那個男生剛好接觸了某個投資 YouTuber 的建議，買進了一些美股，彩也正在摸索基金的事，兩人便因此越走越近。

「基金也好、虛擬貨幣也罷，既然所有投資都有風險，那當然要選擇投資報酬率高的標的。而且，接下來就是虛擬貨幣的世界了。」這種看似在哪裡聽過的論點說服了彩，於是她開了二十倍的槓桿投資虛擬貨幣，結果在幾天之內，就把辛苦存的錢都賠光了。之後的某一天，當麻衣子下班回家後，發現彩的東西全都不見了，似乎是跟著男友一起逃回男友的老家。

隔一年因為美國政黨輪替，總統從川普（Donald Trump）變成了拜登（Joe Biden），迎來美股大幅飆升；之後又因新冠肺炎導致量化寬鬆的影響，全球股市再次活絡，甚至連日經指數都突破三萬點大關，這是日本自泡沫經濟以來，至今三十年的首見。當時沒有選擇放棄，一直定期定額持續投資的麻衣子，在二〇二一年的秋天，手中的基金總額已經超過助學貸款所積欠的三百萬日圓了。

「當時沒有放棄真的太好了。」麻衣子嘆著氣，喃喃自語。

善財夏實看著麻衣子滿足的表情心想，現在來看這件事情，只不過是事後論罷了。如果當初時局不是這樣發展，或許現在坐在這裡的會是彩，而人間蒸發的反而可能是麻衣子；畢竟彩所選擇的途徑，要翻身成為億萬富翁並不是不可能。就像剛剛採訪的美津穗，她也利用新冠肺炎的特殊紓困貸款，正抓緊機會想要累積財富。

有些人因為疫情失去穩定生活，有些人則因此獲得發展機會，這兩者之間，究竟有什麼決定性的因素？是運氣？決斷力？還是獨到的眼光？但無論如何，正因為這微小的差異，人生因而改變、出現了完全不同的道路。唯一可以確定的是，世界上的貧富差距又更嚴重了。翻轉階級、縮短貧富差距的時代，真的有可能會來臨嗎？

麻衣子並不知道善財夏實正思索這些複雜的問題，她用著有點難過的神情說：「其實我還有一件事，要跟小蛇道歉，是有關那只長夾……。」

「什麼長夾？」

「就是那只LV長夾啊！在我跟彩剛剛要開始過新生活時，妳送給我們的，上面還燙印了英文字母的那一個長夾。那只皮夾後來被彩一起帶走了。它原本一直放在冰箱上，裡面放著我們每個月的生活費，但是等我發現時，皮夾已經消失了。」

「生活費也一起被拿走了嗎？」比起錢包不見，善財夏實更震驚於彩沒有留下生活費。彩竟然不顧同住好友，連維持生活所需的錢都一起拿走了。麻衣子低著頭，似乎不太想提起這段往事，當然其中也夾雜了複雜的情緒，包括被好友背叛的難過、識人不清的羞愧，以及對好友的擔心等。

善財夏實回想起當年，這兩個人一起經歷過貧困的生活、一起齊心合力逃離被奇怪男子玩弄的命運，如今卻落得這種被背叛的下場，她心情會有多五味雜陳。無論金額是多是少，錢果然會改變一個人，但是現在告訴麻衣子這件事情，未免太殘忍了。

「那只長夾上面所燙印的英文字母縮寫，跟彩的名字不一樣，我想她應該是拿去脫手變現了。」麻衣子低頭表示歉意。

「沒關係啦，那只皮夾本來就是我送給妳們的，而且我確實也因為換了那只皮夾而改變命運，有了不錯的發展。」善財夏實雖然口中安慰著麻衣子，但心裡不免苦笑：「我這樣算是發展得還不錯嗎？」現在善財夏實的收入，跟寫開運錢包時期完全無法相比。以前新書出版的起印量都是上萬本，自從改寫紀實小說後，新書起印量竟然只有三千本，真的很讓人無言。

她的第一本紀實小說《縫隙裡的女孩們》，主要描寫孩子們離開「兒童安置機構」後無處可去的現況，一出版就獲得獎項肯定。但是，就算再加上她的第二本著作《學貸這種病》，整體銷量累積起來，也還是不如轉型前任何一本書的起印量。

之前她在雜誌上連載那些關於「開運錢包」或「節省家計」的專欄，在她寫作轉型之後，陸陸續續停刊了；只有在編輯保坂的雜誌中，還剩下一個「善財夏實老師的金錢萌芽研究」專欄，但也在兩年前結束。在那之後，她搬離了惠比壽的高級住宅區，目前住在中野區的一間小公寓裡；離開了惠比壽，自然也就跟那名酒吧老闆斷了聯繫，但一個人的生活也還算輕鬆自在。其實早在「開運錢包」時期，善財夏實就已經規畫了一些基金投資，所以她現在的生活，並沒有什麼立即性的危機，但以現況來說絕對算不上寬裕。

此外，善財夏實每個月都會固定與編輯保坂聚餐一次，不是為了討論公事，只是一般的私下聚會而已。每次見面時，保坂都會開玩笑的說：「我們結婚吧！」他似乎沒有意識到這種發言可能會有性騷擾的疑慮；但善財夏實每次用吐槽似的鄙夷表情說「才不要」，並沒有不開心或被冒犯的感覺，也就這樣不了了之。重點是，善財夏實現在所從事的任何一項工作都忠於自己、心安理得，不會對保坂羞於啟齒，應該算是正向發展吧？

自從把手邊的ＬＶ長夾送給麻衣子她們後，善財夏實好幾年沒有買新的錢包，而是拿當年上班族時期所買的兩折式咖啡色皮夾，一直沿用至今。

「然後，這個……。」麻衣子拿出了一個信封放在善財夏實前面。

善財夏實一拿就知道裡面裝的是錢，打開信封之後，果然是一小疊萬元紙鈔。

「這是當初我跟彩一起生活時，向小蛇借的搬家費，真的很感謝妳。從那時開始，我人生完全不一樣了。」麻衣子再次低頭表達謝意。

對現在的善財夏實而言，這筆錢確實能有不少幫助，但她還是從信封裡抽出鈔票，從二十萬日圓的現金當中，數了十萬日圓還給麻衣子。「這些就夠了。另一半是彩借的，就讓彩來還吧！我由衷希望能有這一天！」善財夏實笑著說。

「但……。」

「謝謝麻衣子。老實說，我現在的手頭確實不像之前那麼寬裕，但是看到麻衣子靠著自己的努力，一路奮鬥至今，我已經很滿足了。如果再跟妳拿超過妳應該負擔的金額，無論如何都說不過去。」

麻衣子看著善財夏實退回了一半的款項，有點猶豫要不要真的收下來。

「彩剛離開的時候，我一直很擔心妳，因為妳那時候看起來身心狀況有點勉強，我也一直在思考能為妳做點什麼，但麻衣子真的很努力，還另外找了新室友，重新恢復穩定的生活。」

「現在想起來，自己那時候真的很拚命。剛好發現公司有女同事身上也背著學貸，二話不說就問對方要不要一起住。」麻衣子會跟同事聊到助學貸款的事，是因為當初在搬家時，有同事問起搬家原因，麻衣子坦承告訴對方，自己有助學貸款要還，為了節省房租費用，所以決定跟朋友分租，同事才接著說自己也有助學貸款的困擾。

「所以麻衣子，妳真的非常努力也非常勇敢。」

「真的很感謝。」麻衣子想了一下，決定收下善財夏實退還的十萬日圓。

「接下來我們去吃飯慶祝吧！」

「好喔。但是之前一直都是小蛇出錢請客，這次要各付各的！」

善財夏實點了點頭，決定不向麻衣子說她之前與彩見過面的事。

§　§　§

善財夏實之所以會跟齊田彩見面，是為了出版《學貸這種病》一書。因為書中有部分內容是關於彩的故事，所以在正式出版前，必須獲得彩的同意才行；因此善財夏實特別拜託編輯保坂幫忙打聽彩的下落。

兩個人一開始也沒什麼頭緒，是善財夏實推測，彩可能跟男友一起逃回男友在瀨戶內海附近的老家，保坂才透過她男友沒讀完的那所大學，幫忙找到她男友家的線索。

原本彩是拒絕見面的，但後來聽到有三萬日圓的謝禮，態度馬上有所改變，甚至坐地起價要求了十萬日圓的報酬，最後用五萬日圓達成協議。其實從這本新書起印量的預付版稅來看，這筆交易根本就划不來，但善財夏實不只想將彩的故事收錄在書裡，也很想再見彩一面，便答應了這個價碼。

「好久不見。妳看起來很有精神呢！」善財夏實向彩打招呼。

她們相約在一間能看見大海的咖啡廳，彩獨自前來，穿著一件有點寬鬆，像是罩衫，也像是工作服的外衣，款式有點介於圍裙與廚師服之間，她一如既往有好好上妝，整個人看起實想像中的還要好。

但彩的表情相當僵硬，她可能以為善財夏實會開口教訓她，不過善財夏實並沒有這個打算，她認為失去所有積蓄的彩，已經付出相當代價了，再加上她們曾經交情還不錯，實在沒有必要落井下石。

為了不讓氣氛太尷尬，善財夏實直接切入正題，簡單說明這本書的狀況，從內容概要、出版目的，以及採訪過哪些為學貸所苦的人，並且表示會把彩跟麻衣子兩個人的故事放在最後一章。

隨著善財夏實的詳細說明，彩臉上的表情也逐漸變得柔和。

「我會把書中人物的姓名、出生地、工作背景等資料，全都改寫過，絕對不會有人認出這是彩的經歷。我希望能把完整的故事都寫出來，所以寫完之後也會讓妳先確認過原稿。」彩遲疑了一下，點點頭：「我知道了。」

「那原稿要寄到……？」

「不用了。只要不寫出本名，其他都無所謂。我一點都不想看，請不要寄原稿來。」聽彩這麼說，善財夏實不禁回想起當初，彩曾經說過：「我想看看自己的故事被寫成文章是什麼樣子。」

最後，為了完整替故事收尾，善財夏實也開口問了一下彩的現況。彩說自己目前在男方爸媽所經營的工廠裡幫忙，但因為當初在結婚時，公婆幫忙償還了彩的學貸與老公所欠下的債務，所以自己幾乎是無償在工廠協助，還要一手包辦全家的家務。

在聊天過程中，善財夏實發現彩好像懷孕了，開口確認後，才知道彩已經有了六個月的身孕，身上那件寬鬆的外衣可能就是孕婦裝。於是她開口祝賀：「恭喜！」

「妳一定覺得我很蠢對吧！」

「不會啦，我想這一切都是時運吧。」善財夏實大力搖著頭否認。但彩露出一臉不相信的樣子，看著善財夏實。

最後，當善財夏實要把五萬日圓的謝禮遞給彩時，她又從錢包裡另外抽出一萬日圓放在謝禮旁說：「這一點心意，就當作是預祝妳生產順利吧。」彩看著謝禮，終於露出了比較溫柔的表情說：「謝謝妳。」接著把鈔票放進上衣的口袋裡，這是今天見面，彩第一次對善財夏實說謝謝。

離開前，善財夏實對著彩說：「麻衣子很擔心妳喔！」只見彩緊咬著嘴唇、眼裡充滿淚水，似乎深怕自己多說一些什麼，現在的生活會就此崩潰似的。接著，彩表示自己是跟家裡說要出來買東西，只能離開三十分鐘左右，便匆匆告別、離開了咖啡廳。

善財夏實看著彩的背影心想，或許彩並沒有自己想像中的這麼悲慘，至少她也用了另外一種方式擺脫了學貸，身邊還有年輕的老公、穩定的工作與家庭。之所以板著一張臉，很可能是因為太久沒見到熟人，不知道別人會怎麼評論自己而緊張罷了。

如果從彩的角度來看自己，說不定自己的處境還更為悲慘呢！既沒有家庭、也沒有小孩，連工作都不太穩定。不像彩，只要等個幾十年，就能繼承家業，還有自己的家庭與資產。善財夏實這麼一想，好像剛剛多給她的一萬日圓，完全是自己的優越感在作祟，忍不住輕輕笑了出來。總之，在《學貸這種病》這本書出版之前，可以跟書中人物的彩與麻衣子都見上一面，並親自告訴她們書要出版的事情，還取得了她們的同意，這下就可以放心完稿了。

§ § §

善財夏實暫時拋開對彩的回憶，開口問麻衣子：「接下來妳有什麼打算嗎？」

「我也不知道耶，目前還沒想清楚，但是我今天還有其他事情想跟小蛇說。畢竟妳當初幫了我們這麼多、還借錢讓我們過新的生活，我覺得應該要徵得小蛇同意比較好。」麻衣子歪著頭說。

「是什麼事啊？麻衣子不要那麼客氣，妳錢都已經還我了。」

「謝謝妳這麼體貼。因為我跟室友討論後，也正在考慮是不是應該要搬家了？」看著麻衣子有點猶豫又有點害羞的表情，善財夏實馬上理解了，麻衣子的人生即將要邁向下一階段，不用再為了省吃儉用而犧牲了追求幸福的可能。

「麻衣子還記得嗎？我們當初見面時，妳常說自己背著巨額的助學貸款，可能會嚇跑交往對象，所以妳已經放棄結婚、組成家庭、生小孩；還說自己非常期待四十歲還清貸款後，能找個好對象。但是現在，妳可以開始追求自己的幸福了。」

「好像有這件事，那我試著去參加聯誼活動好了。但是現在的我，並不是覺得好像年紀到了，應該要結婚，而是想要建立自己的家庭。」麻衣子害羞的笑了笑。

「自從與小蛇相遇，一直到還清學貸這段期間，真的發生了好多事，不論是省吃儉用的過生活，或是與室友一起同住，都有許多愉快的回憶。當然最棒的，還是學貸有一個快樂的收尾。從這個角度來思考，或許我反而應該感謝這筆學貸。」麻衣子感慨的說。

儘管善財夏實想故作堅強的鼓勵麻衣子「妳能這麼想，真是太好了」，但喉頭忍不住一陣哽咽，什麼話都說不出口。

§　§　§

水野文夫原本正在罵上週剛報到的新工讀生，在看見屋主美津穗回來之後，馬上停嘴。美津穗是文夫重要的老客戶，她所投資的房產物件，都是委託文夫幫忙處理冷氣的安裝與維修。

雖然冷氣安裝這一行的淡旺季十分明顯，但只要好好把握夏天來臨之前，賣力的工作幾個月，就能賺到足以養活自己一整年的收入，不用特別去經營老客戶也無妨。但文夫心想，再穩定的工作，都有可能遇到意料之外的風浪，如果未來想要擴大經營規模、增加人力，萬一又遇到疫情這種景氣惡化的時候，營收肯定會受到衝擊，再加上文夫現在有自己的家庭要照顧，所以他的工作態度相當嚴謹，不管是多小的委託案，都會努力做到最好。

一開始是美津穗家裡的冷氣故障，找到文夫來幫忙維修，但自從兩個人交換名片之後，美津穗便經常委託文夫來幫忙處理冷氣的大小事。文夫一直記得，每次來幫美津穗安裝或維修冷氣時，她都會坐在一旁全程參與，邊看邊提出各種疑問，例如「像這種程度的維修，大概要花多少錢？」、「如果請你去外地幫忙安裝或維修冷氣，要另外加多少差旅費呢？」、「週休或國定假日也能幫忙修理嗎？」、「如果我同時安裝多臺冷氣，費用可以算便宜一點嗎？」更讓文夫驚訝的是，認識美津穗越久，她的事業規模就越大，投資的物件也越來越多，現在竟然還蓋起自己夢想中的新公寓。文夫不禁對美津穗當初那令人傻眼的強烈求知欲，產生了敬佩之心。

美津穗也經常鼓勵文夫投資房地產，但文夫從來沒有對投資動過念頭，主要是因為文夫的老婆、也是公司的實質老闆——朋香，相當了解文夫的過往，像這種有風險的事，她絕對不允許文夫再去接觸。

「不好意思，讓水野先生久等了。」

「沒有沒有，我們也才剛到而已。」文夫指著身後的工讀生。

「雖然你每次都這麼客氣，但你們一定等很久了，實在是不好意思！」

文夫猜想，美津穗大概是看見貨車上的冷氣與室外機都拆卸好、就定位，才會知道他們已經抵達了好一陣子。儘管美津穗已經成立了自己的公司並擔任社長一職，但待人處事還是相當親切，所以文夫總是優先處理美津穗所委託的工作。

「因為剛剛有個採訪，所以不小心耽擱了……。」美津穗一邊解釋、一邊拿備用鑰匙打開大門。

「有採訪？聽起來好厲害，葉月小姐要成為名人了。」文夫手上搬著冷氣回頭對美津穗說。

「沒有啦，是個有點奇怪的採訪邀約。」雖然美津穗開口否認，但其實也有點想炫耀，畢竟聽到文夫稱讚自己是名人，臉上也忍不住露出自豪的表情。

「水野先生有聽說過嗎？之前有個通緝犯躲在這一帶，還住在領社會救助金的老爺爺家裡，最近才剛被抓到。」文夫被美津穗的話題嚇了一跳，沒有先知會工讀生就把手上的冷氣放下來。另一頭還扛著冷氣的工讀生，正氣呼呼的瞪著他。

「我有聽說，好像是詐騙集團的成員對吧？」

「這起案件果然很轟動，那名通緝犯剛好就躲在我名下的房子……。」

「什麼？他躲在葉月小姐的房子裡！」或許是文夫的反應太大，美津穗一臉疑惑的回頭看著他，文夫也覺得自己的反應有點太過激烈，但就是沒有辦法控制自己。

「嫌犯叫做野田裕一郎對吧！」文夫又說。

「你竟然連名字都知道！」

我當然知道，他可是我同學。而且我還曾經被那個傢伙……文夫差點就說出口了，幸好即時忍住。「因為他跟我同年，所以比較有印象。」不知道為什麼，文夫沒有說出他認識野田的事。

「原來如此。那個人被捕時，警察還跑來聯絡我。」

文夫一邊工作、一邊有點恍神的聽著美津穗說話，他回想起當初聽見野田被捕的消息，自己著實嚇了一跳。雖然自己目前的生活過得還不錯，年收入大概有八百萬日圓，身邊還有老婆跟可愛的女兒們，聽到那個傢伙被逮捕的消息，自己應該把恨意化成同情跟憐憫才對。但現在的文夫還是放不下這一切，畢竟他可是足足花了快兩年的時間，才把被野田偷走的三十八萬日圓還清。想到當時在冷氣公司當學徒時，就算半毛錢都不浪費，還是每個月過著吃土的月光族生活；甚至在自己獨立開業後，還常常想著如果有那筆錢的話，人生可能會更順遂，文夫就完全無法原諒野田。

當初野田的背叛，讓文夫即使目前工作跟收入還算穩定，甚至開了自己的公司，仍經常活在「身上的錢夠不夠支付下個月的開銷？」或「付得出工讀生的鐘點費嗎？」的恐懼中，一直到老婆扛起社長跟公司的財務工作後，文夫才覺得輕鬆不少。

文夫會遇到老婆朋香，也是機緣巧合。在文夫剛創業時，朋香跑來找文夫說要打工。她說自己高中畢業後，當了好一陣子無業遊民，曾當過服務生，也當過酒店公關；但是她未來想要開一家冷氣公司，所以想來這裡學個一技之長。

原本文夫並不想錄取她，他認為她就算學會了冷氣安裝與維修的技術，但終究是女生，沒辦法一個人搬室外機，也做不了太粗重的工作，但朋香說什麼都想要做這一行，怎麼勸也不願意放棄，文夫才勉為其難的僱用她。

朋香正式上班後，確實完全無法搬運重物，但是她在庶務與客戶聯繫等工作上表現得很好，再加上她也有強烈的求知欲與極佳的理解能力，文夫被她深深吸引。直到現在，文夫還是相當感謝自己身邊有一位對冷氣業務瞭若指掌的老婆。

雖然文夫無法原諒野田，但有時也會想：如果當初沒有發生那件事，自己會走上現在這條路嗎？只要一想到這裡，文夫還是會萌生出感謝的心；或許就是因為這些糾結的情緒，文夫才沒辦法輕易告訴美津穗，自己認識野田這件事。

「水野先生有幾個小孩啊？」正當文夫胡思亂想時，關於野田的話題已經結束了。

「小孩嗎？我家有三個，都是女生！真是令我頭大呀！」雖然文夫這樣說，但只要提到家人，他的臉上就會堆滿笑容，完全沒有他嘴巴上所說的煩惱之意。

「我記得水野先生家的老大是女生，之後又生了一對雙胞胎對吧？」

「其實，我老婆肚子裡還有一個，而且好像也是女生……。」這件事文夫也是上個星期才知道。

「所以，現在有四個小朋友？」

看到文夫的表情，就連時常捱罵的工讀生也在一旁笑了出來。

「水野太太很辛苦呢！不多賺點錢不行啊！但是生女兒真讓人羨慕……。」美津穗說。

「我才要羨慕葉月小姐呢！如果只有一個小孩，就不用花這麼多錢、力氣去照顧了。」

文夫也只是嘴巴上說說，如果要他用四個女兒去換一個兒子，他說什麼也不會答應。因為每當他筋疲力盡回到家，被孩子們圍著「拔拔、拔拔」的叫，或是想起這三個小女孩出生至今的點點滴滴，文夫便會打從心底感到幸福。

不論別人要拿什麼來換這種幸福，文夫是絕對不會答應的。既然如此，沒有當初那件事、就沒有現在的自己，那麼對野田的糾結，也應該要放下了。

§　§　§

「最近的行程也太滿，一直在外面東奔西跑。」美津穗一邊想、一邊趕赴位在富士見野市的不動產公司。才剛抵達店門口，芝崎便走了出來，似乎已經等不及了。

「抱歉，讓你久等了。」其實美津穗只晚了約十分鐘左右，但美津穗還是慎重其事的表達了歉意。自從美津穗成立自己的公司、當上老闆後，她更加重視這些人際往來的細節。

「那我們現在就出發吧！」芝崎把車開到不動產公司門前。截至目前為止，美津穗已經向芝崎買了三間透天厝與一間公寓。他們今天約好要去看幾間中古屋，芝崎也在昨晚就把房產物件的相關資料，全數寄給美津穗先參考。

一般來說，當仲介開車載著客戶去看屋時，客人就算坐在後座、把仲介當司機，也是很平常的一件事，但美津穗還是選擇坐在副駕駛座，因為她不想讓芝崎或其他仲介覺得自己是個會擺老闆架子的女人。

「早上的採訪還好嗎？」善財夏實的採訪邀約，就是芝崎幫忙牽線聯繫。

「大概中午前就結束了。」

「對方有問很多嗎？」

「對啊！聊了很多關於佐竹爺爺與野田的事。」

「這件事果然是會被寫成書的大新聞呢。」美津穗原本以為芝崎會聊更多有關採訪的事，但他可能對出版或寫書等話題不感興趣，所以也沒有追問更多細節。他們隨意閒聊了約五分鐘左右，就到了第一間房子的門口，這個物件距離車站，走路約要十五分鐘。

「這間房子一開始開價四百八十萬日圓，前一陣子屋主主動降到三百八十日萬圓以下，但是現在屋主說，只要有兩百八十萬日圓就願意賣。」

美津穗看著手邊的資料：屋齡四十八年，六十四平方公尺，共有兩層樓。一樓有兩個房間，大小分別是六張榻榻米與四張榻榻米[14]，還有廚房、廁所、浴室等空間；二樓則是

---

14 一張榻榻米約一・六二平方公尺。

兩個六張榻榻米大的房間。格局相當典型，就是那種一九六五到一九七五年左右建商所蓋的房子。

「嗯？價格好像還不錯呢！」

「但請先做好心理準備，裡面可能有點……。」

芝崎熟練的倒車，把車子停妥在門口；美津穗為了不讓芝崎繞過來替自己開車門，所以早早自行開門下車。

「上次來看房子的時候，就發現這道門有點難開，需要一點訣竅才行。」芝崎一邊解說，一邊在大門旁的鑰匙盒上輸入密碼、拿出鑰匙轉開大門。他們一剛踏進屋裡，就聞到一股濃烈的霉味，但這是一間老屋，這種情況很常見。

「大概三年多前，住在這裡的老先生病倒了，但這間房子不是凶宅喔！因為老先生病倒後，立刻被送往醫院，幾天後才在醫院過世。自從老先生離開後，相關單位一直在尋找老先生的親友，聽說直到最近才剛找到。」

可能是因為老先生長年獨居在此，沒有其他人幫忙打理家務，一堆衣服與毛巾就隨手掛在暖氣機上或桌上，還堆滿了灰塵，家裡也到處都是垃圾。而屋子的最裡面，還有一座家用佛龕。

「對了，這邊還有『那個』。」芝崎稍微拉高音調說。

「什麼那個……為什麼還放在這裡？」看見佛龕後，美津穗就明白為什麼芝崎的語調這麼不自然了。佛龕上除了有一組牌位與年長女性的遺照外，竟然還有一罐看起來像是裝骨灰的白色容器。那張遺照雖然有點褪色了，但從輪廓來看，應該是老先生的太太。

芝崎指著骨灰罐說：「遺物整理公司說他們也沒有辦法幫忙處理，這應該是屋主要自己帶走的。」

「如果後來聯繫到的人是遠房親戚，要對方接手處理這個也很為難吧？」美津穗直覺認為，連先人的骨灰與遺照都沒有辦法幫忙處理，那他們所聯繫上的，應該是關係相當疏遠的親戚吧？她自顧自的替對方找了一個合理藉口。

「好像不是遠親，聽說找到的是老先生的兒子。」芝崎回答。

竟然是兒子……為什麼這麼久都不跟父母聯絡？為什麼不肯來處理媽媽的遺照跟骨灰？他們之間發生過什麼事？又出了什麼問題？明明照片中穿著和服的年長女性，笑容看起來如此溫柔，美津穗心裡納悶了起來。

「佛龕或牌位之類的東西並不稀奇，但是連骨灰都還在，這就有點罕見了。」以美津穗看過這麼多房產物件的經驗來說，老屋裡遺留佛龕之類的東西並不奇怪。

「對啊！」芝崎表示認同。

接著他們走上二樓，二樓的狀況跟一樓相去不遠，地面散落各種雜物，還積了一層厚厚的灰塵，完全不像是三年前還有人住過的樣子。

「如果妳想要的話，這棟房子裡的東西我會找人全部處理掉，但是成交價格要改成三百萬日圓。妳意下如何？」芝崎一邊開條件，一邊跟美津穗走回車上。

美津穗聽完芝崎的報價後，自己也在腦海中盤算起來：如果找認識的業者來處理，以這間屋子的狀況，清空大概需要五十萬日圓。一定是芝崎他們有願意用更便宜價格配合的業者，他才會開出這個條件。這樣算起來，價格還算合理，但……「包含骨灰嗎？」

「包含骨灰喔！」

兩個人十分有默契的相視一笑。雖然對骨灰的主人好像有點失禮，但他們看了這麼多房子，已經很習慣這種狀況了。

「撇開骨灰不說，其實我比較在意天花板的狀況。」美津穗繫上安全帶，提出自己的疑慮，二樓的天花板有點低就算了，上面還有一片約兩個手掌大的汙漬。

「天花板上確實有一塊汙漬，但不至於要敲掉重做，應該只要稍微裝修一下就好。」

美津穗之所以特別在意這件事，是因為之前曾在同樣的地方吃過虧。當時她聽信某個仲介的推銷話術，買到一間有問題的物件，為了善後，她甚至過了一段非常辛苦的日子。

美津穗在那個案件上踩雷時，已經不是投資新手。當她聽到仲介說物件的售價遠低於行情，原本市價約五百萬日圓的房子，現在只要一百八十萬日圓就能買到，她也知道一定會有些問題，所以對天花板的汙漬痕跡等屋況都睜一隻眼閉一隻眼。沒想到買下來請廠商幫忙評估重新裝修時，竟然收到一張高達三百萬日圓的報價單。美津穗才驚覺這間房子的實際狀況，比外表看到的還要嚴重，自己恐怕被當成什麼都不懂的肥羊了。但此時的美津穗，手邊只剩下一百多萬日圓的現金。

美津穗發現自己可能會破產時，她完全沒跟老公雄太商量，就先把兒子的教育儲蓄保險解約，再動用信用卡的預借現金，甚至還把腦筋動到「女性創業貸款」上，製作了一份咖啡館的創業計畫向政府借錢。但女性創業貸款有明文規定，核撥款項不能用來投資房地產，所以美津穗每天都擔心自己會因為偽造文書遭到逮捕。這些事，美津穗都沒有告訴善財夏實，但她的創業過程，絕對不是一般人想像的那麼一帆風順。

「嗯……這間房子我再考慮看看。」美津穗想起過往的遭遇，又遲疑了起來。

「好的，那我們再去看看下一間吧！」芝崎已經很習慣美津穗的猶豫跟謹慎，所以也沒有繼續糾纏推銷。

「對了，我想用附租約的條件把那間房子賣掉，你覺得有機會嗎？」在車上，美津穗用閒聊的口氣詢問芝崎建議。

「妳是說之前佐竹爺爺住的那間房子？」芝崎馬上就知道美津穗在講哪件事。

「是的。」雖然美津穗表面上是跟芝崎約好要去看他手上的物件，但美津穗真正的目的，是想試探性的跟芝崎討論有關佐竹爺爺那間房子的後續處置。

自從美津穗籌建自己的新公寓，嘗試到更有效率的不動產投資法後，她的想法漸漸有所改變。對於一間一間買下老舊便宜的中古屋、自己動手簡單裝修後，再租給別人收取固定租金的做法，她已經不感興趣了。也剛好是機緣巧合，日本經濟環境受到新冠肺炎大爆發的衝擊，政府為了挽救經濟及企業存續，特別由日本政策金融公庫（JFC）推出「新冠肺炎特殊紓困貸款」方案，一般通稱為「新冠紓困貸款」。這筆紓困貸款的主要放款對象，是針對「營業額較前年下滑超過五％」的企業，最高可以貸到八千萬日圓，既不用提供擔保、利率又較一般貸款更低，而且為了即時維持企業的生存，一開始的審查標準相當寬鬆，幾乎只要申請就會通過。有許多不動產投資者，都暱稱這筆超優惠的貸款資金為「新冠水」或「國庫水」，甚至在見面時還會互相開玩笑的說「要去喝新冠水嗎？」、「喝過國庫水了嗎？」

美津穗的公司剛好在一年多前的疫情期間成立，中間又遇到房客退租等影響，營業額確實實質減少了五％以上，完全符合申請新冠紓困貸款的條件。雖然申請程序有點麻煩，但美津穗還是備齊了所有文件資料，把這八千萬日圓的貸款申辦下來。

原本美津穗打算拿這八千萬日圓，在東京都內蓋一棟新公寓，但很多不動產投資者都跟美津穗有同樣的想法，導致東京都內的土地價格飆漲。儘管美津穗花了不少力氣尋找適合的土地，最後還是只能找到位在郊區附近的川越市，才有適合的標的。

美津穗完全沒有想到因為新冠肺炎的緣故，讓自己有機會從四處收購中古屋收租的房東，升級成為自己籌建一棟全新公寓的不動產業者。接下來，美津穗打算用附租約的方式，把手上房產用比較好的價格脫手；再以此為基礎，當成下一棟新公寓的基金。下一次的目標，一定要瞄準東京都內。

「我覺得應該有機會！現在很多人都在找附租約出售的物件。」芝崎回答了美津穗的疑問。因為新冠紓困貸款的關係，市場上資金充裕，導致投資不動產的人變多，讓不動產變成賣方市場，大家都捧著資金追逐有利可圖的物件。有很多業餘或新加入的投資者，為了資產保值或增加被動收入等原因，都想要快速進場，所以現在附租約出售的物件，詢問度都很高。

「那我們就朝這個方向來規畫吧！希望能盡快找到新房客。」美津穗做出決定。

目前美津穗在川越市所起造的新公寓建案，距離車站走路約八分鐘；全棟共有八間一房一廳附廚房的住宅單位。如果用這一區行情每間六萬日圓的月租來計算，一個月大概能進帳四十八萬日圓左右。

雖然美津穗一開始對於這個案子的期望報酬率是一〇%，但經過計算各項成本之後，大概只能落在九．六%附近，雖然不滿意這數字但勉強還能接受。畢竟是從新冠紓困貸款的八千萬日圓中，挪出六千萬日圓來投資這個新建案，且紓困貸款的利息不到一%，還能享有三年免付利息的優惠，所以資金成本並不算高。

再者，建案所在的川越市還挺熱鬧的，應該有辦法順利全部出租。如此一來，五年後美津穗就可以用原價或更高的價格脫手，再加上「新冠水」剩下的兩千萬日圓，應該有機會入手一億日圓左右的不動產，讓事業規模再一次推升……像這樣在腦海中計算投資與報酬，是美津穗最快樂的事，因為能讓她暫時忘記現實生活中的煩惱。

幾個月前，美津穗在雄太的公事包裡，發現了一條粉紅色的女性內褲。而且早在這之前，雄太就有點怪怪的，他經常晚餐吃到一半突然說：「公司打電話來，好像有什麼緊急的事情。」然後帶著手機躲到房間裡鬼鬼祟祟的講電話，而且越來越頻繁，何況他那偷偷摸摸的神情，也很難讓人不起疑心。

雖然美津穗覺得雄太一定有鬼，但是她也懶得去追究到底發生什麼事，所以一直假裝沒看見；但這次公事包裡的女性內褲，讓美津穗再也無法視而不見了。她質問雄太是怎麼回事，但雄太想用一些奇怪的理由搪塞過去，「這是公司舉辦慶功宴時，因為大家去有女性陪侍的酒店玩，酒酣耳熱之際的遊戲贈品」，但以女性的直覺與常識，這條粉紅色的內褲上還點綴了華麗的白色蕾絲，材質還是高級的舶來品，絕對不可能拿來當成一般的遊戲禮物；多半是某位女性為了特殊場合所準備的「戰袍」。儘管很不想面對現實，美津穗還是透過不動產公司所介紹的徵信社幫忙調查，才跟拍不到三天，就當場抓到雄太與公司裡的年輕妹妹去飯店開房間的照片。

面對這麼不堪的發展，美津穗卻異常的冷靜。她回想起去年，東京因為爆發新冠肺炎，發布了緊急事態宣言，當時雄太有一段時間都在家裡遠距工作；兩個人朝夕相處時，雄太曾經開口向美津穗說：「我也想要一間自己的房子。」美津穗為此還特別去找了一間比較新的中古屋給雄太，幫他付了一百萬日圓左右的頭期款，後續則讓他自己繳房貸、自己當房東來收租金。

那間公寓距離埼玉縣的鶴島站走路約十二分鐘，還附了一個停車位。原本賣方開價是九百九十萬日圓，經過美津穗幾次交涉，最後用八百萬日圓成交。目前租給一個小家庭使用，每個月的房租是八萬日圓；雄太扣掉每個月要繳的房貸跟零用錢後，還多出四萬日圓可以自由運用。

男人只要口袋一有錢就亂來，真是頭腦簡單的生物，未免太可笑了吧。

公公婆婆察覺到他們夫妻倆之間似乎有點不太對勁，還特別跑去問美津穗發生了什麼事。當美津穗把所有事情全盤托出後，公婆竟然把過錯都推到美津穗身上：「都是因為妳忙著工作，才會發生這種事。」聽到如此偏袒自己兒子的鬼話，美津穗心涼了一半，也不想再隱忍，開始思考離婚。但這並不如想像的這麼簡單，如果兩人真的走到那一步，美津穗一路努力累積的資產，不管是公司名下或美津穗名下的所有財產，都得跟那個出軌的王八蛋均分。這麼一來，不就等於便宜到王八蛋的王八蛋父母嗎？光想到這裡，就覺得好麻煩啊！

還記得跟老公雄太攤牌的那一天，美津穗低頭看著老公跪在地上懇求自己原諒的畫面，她不禁冷冷的想著，明明自己只是想跟喜歡的人共組一個溫暖的普通家庭，怎麼一回過神，自己竟然也跟自己的爸媽一樣，待在一個冷冰冰、毫無溫度的家裡，而且離婚這件事，還會影響兒子圭太。

美津穗完全不想讓圭太變成單親家庭的小孩，他今年才剛要就讀小學一年級。還記得不久前，當美津穗在假日要去看房子或打掃、裝修名下的房產時，只要開口問圭太：「要不要跟媽媽一起去？」圭太都會開心的說：「要去！」還會主動幫忙做一些簡單的小事。但是大約從半年前開始，當美津穗邀圭太一起出門時，圭太都會搖頭堅持說：「不要！」就算美津穗拿條件交換：「一起去啦！很好玩喔！結束之後，我們去吃小餐館或迴轉壽司！」但圭太依舊會冷淡的說：「我要待在家裡。」美津穗心想，是不是敏感的圭太察覺到什麼？還是他在怪媽媽因為工作影響家庭和諧？

到底該怎麼跟兒子說這件事情才好？兒子又是如何看待爸媽之間的關係生變？自己一直很努力不讓圭太看見夫妻吵架的畫面，但老公跟兒子的關係不錯，如果告訴圭太實情，可能會讓他十分傷心也說不定。

美津穗自己也是在單親家庭中長大，但父母是在她高中時才離婚；如果正要升上小學一年級的兒子，面對自己當年相同的處境，他所要承受的寂寞與失落感，一定會遠遠超過當時的自己，只要一想到這裡，美津穗又會猶豫了起來。

但如果為了圭太隱忍，最後老公又不知悔改、再次出軌，最終還是只能走上離婚一途。如果最後除了離婚以外沒有別的選擇，那自己唯一能做的，就是盡可能讓兒子在成長與教育的過程中，不會為錢苦惱。畢竟美津穗自己在高中時曾因為擔心家中經濟狀況，而無法繼續升學，這種痛苦她無論如何也不想讓圭太擁有。

聽說外遇的賠償金額大概是三百萬日圓左右，但如果收了這筆賠償費用，是不是就等於原諒對方了？是不是日後想用「丈夫外遇」的理由訴請離婚時，兩個人的財產還是得均分？美津穗理性上知道自己應該去了解這些事，但感性上又害怕知道真相，所以一直逃避不想深究。

但無論如何，對於這個男人，她是已經死心了。

「到了喔！」芝崎的聲音，讓美津穗從胡思亂想中回過神來，她慌慌張張的拿起物件資料研究。這間房子位在富士見野市附近，距離上福岡站走路約十二分鐘，建坪大概有八十平方公尺，算是空間相當寬廣的物件。

「我覺得這間房子還不錯，不只空間寬廣，距離上福岡車站也不算遠，附近還有熱鬧的商店街，詢問度還滿高的。」

就算芝崎沒有特別介紹，美津穗對這個地段也相當了解，畢竟她在這一帶已經買過好幾間房子了。

美津穗在進門後，發現玄關左側的鞋櫃上放了一個魚缸，裡面沒有水也沒有魚，仔細一看，還能發現上面有裂痕，這道裂痕是當初還有人住的時候就已經出現了？還是後來才有的呢？

「這房子有什麼狀況嗎？」

「大概在一年多前，屋主原本還出租給別人，但房客後來連夜逃跑了。聽說房客原本從事餐飲業，後來受到新冠肺炎疫情影響，投資開的餐廳收掉了，欠銀行的貸款也被要求立刻清償。」

「太慘了吧！」美津穗觀察房子的灰塵厚度，看起來確實有一年左右沒住人了。

「雖然房客是連夜不告而別，但房東也不能擅自丟棄房客所遺留的物品，再加上後續處理又很麻煩，所以屋主擱置了一陣子之後，決定乾脆把房子賣掉比較省事。」

「屋主開價多少？」

「因為上福岡這一區目前還挺受歡迎的，這個物件空間又比較大，所以屋主開出來的價格是五百八十萬日圓。後續整理與裝潢，大概也要一百萬日圓左右。」芝崎補充道。接著他們走上二樓房間，看到棉被好端端的放在壁櫥裡。

老實說，美津穗對這間房子興趣缺缺，畢竟屋主開價五百八十萬日圓，加上裝修成本一百萬日圓，總投資金額高達六百八十萬日圓；如果租金沒有開到每個月八萬日圓以上，幾乎沒有什麼利潤可言。雖然努力把總價砍到三、四百萬日圓左右，應該還是有利可圖，但目前美津穗並不想把力氣花在這種地方。

「天花板的狀況還不錯，屋主說沒有漏水之類的問題。如果天花板不用重新整修，那裝修費用大概只要五十萬日圓就能搞定。妳看，天花板看起來很乾燥，沒有浸潤或滲水的狀況。」芝崎邊介紹，邊拿起一旁的棉被拍輕敲天花板，讓美津穗確認屋況。

一瞬間，美津穗覺得芝崎的聲音越來越遠，到最後幾乎聽而不聞，因為她的一顆心都被房間裡面、廉價塑膠桌上的東西給吸引了。

那是一只LV長夾，跟美津穗曾經買過的款式一模一樣。

為什麼這只LV長夾會出現在這個布滿塵埃、堆放著棉被與毛毯的房間裡？為什麼整個房間裡面，只有這只長夾沒有沾染汙漬或灰塵？

「這一定是盜版貨吧！」順著美津穗的視線，芝崎從她身後伸手拿起那只長夾。

說也奇怪，美津穗一直覺得，總有一天，自己會在某處再次遇見這只長夾，所以看見長夾出現在眼前時，她一點都不訝異。

「皮夾上燙印了M・H的字呢！有燙印字母的話，應該就是真品吧？」

美津穗心想果然是它！便順勢從芝崎手中把皮夾接過來。她猜測，大概其他來看房子的人，也曾經這樣把皮夾拿起來翻看，所以上面才沒有沾到什麼灰塵。

「為什麼……」美津穗口乾舌燥的發不出聲音來，「沒把它一起帶走呢？」

美津穗拿起長夾時千頭萬緒。從她拿起長夾的那一瞬間，美津穗就知道，這是當初自己那只皮夾，不論是字母燙印的位置、放在手裡的觸感，還有它所散發出來的氛圍，每一個細節都讓美津穗確定，這就是她當初一度擁有過的那只LV長夾。為什麼它會出現在這裡？為什麼會被丟在這裡？

「我們接著去看看陽臺吧！」芝崎對這只皮夾似乎不感興趣，繼續走到隔壁房間，並打開房間通往陽臺的窗戶。

該怎麼辦才好？美津穗心中方寸大亂。不是因為自己想要這只皮夾但買不起，而是因為現在自己不僅買得起，就算要用現金買下整間房子也沒問題。而且以這間的屋況來看，應該能砍到四百八十萬日圓成交；就算直接用五百八十萬日圓買下來，只要裝修一下拿去租給別人，還是能慢慢回本，這件事情對於現在的自己來說，根本一點都不難，但是……。

「買下來吧？」

「什麼？妳是說要買這間房子嗎？」芝崎嚇了一跳，明明美津穗一直表現得興趣缺缺，但現在竟然在考慮要買這間房子。「妳的預算是？」

「四百八十……算了，就直接用五百八十萬日圓好了，我一定得買下它。」

「啊？」芝崎又嚇了一跳。對價格一向很嚴謹的美津穗，竟然打算用原價買下這間房子，這太奇怪了。

「但是我有條件，這間房子必須要保持原狀，裡面的東西一件也不能少。」

「妳是說包括那只皮夾？」

芝崎說完，美津穗忽然意識到自己竟然緊緊握著這只長夾，立刻慌慌張張的把它放回桌上。

「沒錯！」

「好的，如果那是真品，拿去轉賣多少也有點價值。」

就算以芝崎跟美津穗的默契，他也萬萬想不到，美津穗是為了這只長夾，才打算買下這間房子。

「無論如何，屋子裡的東西一樣也不能少。」

「沒問題，這間房子是我們公司簽專任契約、獨家銷售的，我保證不會再帶其他人來看房。我們先回公司處理一些必要程序吧！」芝崎說完，轉身去發動車子。

物件成交，身為仲介的芝崎心情好到一路上說個不停，但是打從他們離開那間屋子後，美津穗的整個心思都在長夾上，她覺得自己好像又遺棄了它。

那只長夾現在正孤零零的被留在那間荒廢的屋子裡、在那張廉價的塑膠矮桌上。這幾年，它流浪過哪些地方？被什麼人拿在手上用過？又經歷了哪些事情？都是當時的我不好，沒有能力把它留在身邊，害它不知道經歷了什麼遭遇。但是，現在它竟然獨自留在那間屋子裡，這次一定要把它帶回身邊，從今以後，再也不讓它寂寞。

「妳有打算要怎麼開始裝修或整理嗎？我可以介紹一些認識的廠商，或是妳有比較熟的。」芝崎的聲音把美津穗拉回現實。

「是有幾個地方要先處理啦，但我得先看看狀況。」

「好的，如果後續有什麼需要，我們公司都能幫妳介紹，還有瓦斯的部分……。」

時間接近黃昏，芝崎與美津穗正塞在下班的車陣中一動也不動，雖然美津穗有事先向幼兒園打過招呼，說今天可能會晚一點過去接小孩，但如果可以早點去，美津穗當然還是希望越早越好。

芝崎滔滔不絕的不斷找話聊，但美津穗一直擔心著那只長夾。

雖然自己已經著魔似的為了長夾買下房子，但還是擔心會有人突然闖進屋子把皮夾帶走，或是屋主臨時改變心意、反悔不賣。美津穗甚至一度想要請芝崎掉頭回去，好讓她能先把皮夾帶走，但是現在房子還沒點交過戶，自己也不能這樣隨便拿走別人的東西。

另一個理性的美津穗則認為自己應該要冷靜一下。她反覆問自己：那只皮夾，真是自己當年買下來的那一個嗎？有沒有可能是在同一個位置、燙印了同一組縮寫字母的同款錢包？能不能徵求屋主的意願，請他把皮夾賣給自己？會不會是因為屋主不清楚 LV 長夾的行情，才把它隨意棄置在屋裡，如果是這樣的話，說不定只要幾萬、幾千日圓就能再次擁有它。

但是……自己真的想要那只長夾嗎？如果真的想要，直接去 LV 直營門市買就好了。對現在的美津穗來說，要買一只十萬日圓的 LV 長夾，並沒有任何難度，可是自己並不想要買新的錢包啊！

現在的美津穗，比當年身為全職家庭主婦的自己，物欲還要更淡薄，花在服裝或其他身外之物的花費也比當時還要少。這並不是刻意為了省吃儉用，而是自己對這些東西，已經不會再產生想擁有的欲望了。

回想這幾年來，唯一有添購的新東西，大概就是那雙方便自己到處看房子的好走運動鞋而已，她完全沒有想過要換錢包，至今都還在使用當年那款黑色的漆皮短夾。美津穗唯一會想要入手的，就只有她所看上眼的房產物件。

每當看到了一間好房子，美津穗就會很興奮，不管是後來價格依照自己的預算成交，或是自己發現了一間乍看之下不起眼，但整修之後報酬率還不錯的物件。當自己用獨到的眼光、果斷的砸入數百或數千萬日圓，成就一樁成功的投資案時，那種暢快的成就感，比買什麼服飾、名牌、珠寶，都還讓人開心。

但那只皮夾……真的是自己當年買下來的那個嗎？就算真的是自己從夏威夷買回來的那一個，對現在的自己，又有什麼意義？

「剛剛這間房子的坪數比較大，而且價格並沒有特別便宜，如果想要租給領取社會救助金的房客，機會應該不太高。所以妳是打算用來……？」芝崎的話，把美津穗從紛亂的思緒當中拉回現實。

她在心裡盤算，房子的成交價是五百八十萬日圓，清理雜物大概要花個三十或四十萬日圓，後續替房子做簡單的裝修，大概要花個五十萬日圓左右，再加上仲介的服務費與交易稅等，零零總總加起來將近七百萬日圓，如果中間又有什麼突發狀況，說不定得花到七百五十萬日圓。這麼算起來，租給人家的月租金，得要超過八萬日圓才有機會回本；就算未來用附租約出售的方式脫手，要找個願意出到八百萬日圓的買家也不太容易，況且，轉手賣掉又得付一次交易稅。

這間房子距離上福岡站得要走上十來分鐘，能順利找到願意花八萬日圓承租的房客嗎？萬一一直租不出去又該怎麼辦？一想到這裡，美津穗腦中的投資魂甦醒了。

沒錯，現在的自己，已經不是當年那個執著在夏威夷買 LV 長夾的美津穗了。儘管這一路上，有時也會獨自哭泣，但她不斷努力成為現在的自己。她不想再走回頭路，不想回到那個被名牌吸引、被命運左右的自己。

她要靠自己的努力，讓人生可以一步一步的往前進，為此不是咬緊牙根走到現在了嗎？**她不再需要那只長夾來證明自己了**，這並不是因為當初執著於長夾的自己有什麼不好，而是因為失去長夾，才有今天的美津穗。

「還是算了吧。」想通一切的美津穗，開口說出這句話。「真的很抱歉，我剛剛想了一下，這間房子還是先不買了，實在很不好意思。」

「是喔……也、也沒關係啦！」芝崎的語氣中藏不住失望，但是他也沒有糾纏。畢竟他跟美津穗往來這麼久了，美津穗光顧過他不少生意，而且做這一行的，對於投資者的任性行為，早已見怪不怪。

「非常抱歉，我想……還是應該先跟老公討論看看再決定。」美津穗下意識把老公抬出來當擋箭牌，但是一想到雄太，這種老公應該也要放手才是。

「也是啦！這樣比較好。」芝崎回答了美津穗後，就沒再多說什麼。

美津穗靜靜的看著窗外，想到如今的自己，已經有能力為了一只皮夾買下一棟房子；又回想起當初要購入第一間老屋時，老公雄太鄙夷的說：「就憑妳，怎麼可能借到錢？」用社會所賦予他的經濟優勢，威脅沒有經濟自主能力的自己，當時，自己也曾對這個男人感到絕望。或許雄太當初並沒有把話說得這麼難聽，但都無所謂了。

現在的自己，應該有能力擺脫這麼多年來的執念了吧？她從包包裡拿出手機，輸入「離婚」、「財產分配」、「配偶外遇」等關鍵字，她覺得也是時候好好處理這件事了。

她抬頭看見橘色的夕陽在天空中蔓延開來，原本蒼白的國道風景變得閃閃發光，在逆光下，所有的景物都模糊不清。

就這樣吧，不要再去計較那些小事了。只要持之以恆的繼續往前走，事情一定會逐漸好轉。

在刺眼的夕陽下，美津穗瞇起了眼睛。

理財小知識

・臺灣中老年人生活津貼申請條件：

1. 年滿六十五歲，實際居住於戶籍所在地之直轄市、縣（市），且最近一年居住國內超過一百八十三日。
2. 家庭總收入按全家人口平均分配，每人每月未超過中央主管機關或直轄市主管機關當年公布最低生活費標準之二・五倍，且未超過臺灣平均每人每月消費支出之一・五倍。
3. 全家人口存款本金、投資及有價證券計算之合計金額：單一人口家庭為新臺幣兩百五十萬元，每增加一口，得增加新臺幣二十五萬元。
4. 全家人口所有之土地或房屋：未超過合理之價值。
5. 未接受政府公費收容安置。
6. 未入獄服刑、因案羈押或依法拘禁。

參考文獻

• 樋田敦子，《女性與孩童的貧困——追蹤那些在社會中孤立無援的人們》，大和書房。

• 日本NHK特別採訪小組，《女性貧困》，寶瓶文化。

本書內容連載刊登於《小說新潮》文學雜誌二〇二〇年九月號～二〇二一年八月號。

※本書內容純屬虛構，與真實人物、團體、事件均無關。如有雷同，實屬巧合。

國家圖書館出版品預行編目（CIP）資料

錢包在跳舞：你對錢包的態度，就是你此生
際遇的預卜。為了擁有一個名牌包，你願意
拿生命中的什麼來交換？／原田ひ香著；方
嘉鈴譯 . -- 初版 . -- 臺北市：大是文化有限公
司，2023.07
368 面；14.8×21 公分 . --（Biz；430）
ISBN 978-626-7328-04-0（平裝）

1.CST：理財　2.CST：通俗作品

563　112006269

Biz 430

錢包在跳舞

作　　者／原田ひ香
譯　　者／方嘉鈴
責任編輯／林盈廷
校對編輯／連珮祺
美術編輯／林彥君
副 主 編／馬祥芬
副總編輯／顏惠君
總 編 輯／吳依瑋
發 行 人／徐仲秋
會計助理／李秀娟
會　　計／許鳳雪
版權主任／劉宗德
版權經理／郝麗珍
行銷企劃／徐千晴
行銷業務／李秀蕙
業務專員／馬絮盈、留婉茹
業務經理／林裕安
總 經 理／陳絜吾

出 版 者／大是文化有限公司
臺北市 100 衡陽路 7 號 8 樓
編輯部電話：（02）23757911
購書相關諮詢請洽：（02）23757911 分機 122
24 小時讀者服務傳真：（02）23756999
讀者服務 E-mail：dscsms28@gmail.com
郵政劃撥帳號：19983366　戶名：大是文化有限公司

法律顧問／永然聯合法律事務所
香港發行／豐達出版發行有限公司 Rich Publishing & Distribution Ltd
地址：香港柴灣永泰道 70 號柴灣工業城第 2 期 1805 室
Unit 1805, Ph. 2, Chai Wan Ind City, 70 Wing Tai Rd, Chai Wan, Hong Kong
電話：2172-6513　傳真：2172-4355
E-mail：cary@subseasy.com.hk

封面設計／林彥君、林雯瑛　內頁排版／林雯瑛
印　　刷／鴻霖印刷傳媒股份有限公司
出版日期／2023 年 7 月初版
定　　價／430 元（缺頁或裝訂錯誤的書，請寄回更換）
I S B N／978-626-7328-04-0
電子書 I S B N／9786267328002（PDF）　9786267328019（EPUB）